UMA MENTE PROFUNDA

UMA MENTE PROFUNDA
O cultivo da sabedoria na vida cotidiana

POR DALAI LAMA

Organizado por Nicholas Vreeland
Posfácio de Richard Gere

Tradução
VERA RIBEIRO

martins fontes
selo martins

© 2013 Martins Editora Livraria Ltda., São Paulo, para a presente edição.
© 2011 The Dalai Lama Trust
Prefácio © 2011 Nicholas Vreeland
Posfácio © 2011 Richard Gere
Esta obra foi originalmente publicada em inglês sob o título *A Profound Mind: Cultivating Wisdom in Everyday Life* por Dalai Lama.

Publisher	*Evandro Mendonça Martins Fontes*
Coordenação editorial	*Vanessa Faleck*
Produção editorial	*Cíntia de Paula*
	Valéria Sorilha
Preparação	*Andréa Vidal*
Revisão	*Paula Passarelli*
	Silvia Carvalho de Almeida
	Pamela Guimarães

Dados Internacionais de Catalogação na Publicação (CIP)
(Câmara Brasileira do Livro, SP, Brasil)

Bstan'-dzin-rgya-mtsho, Dalai Lama XIV

Uma mente profunda : o cultivo da sabedoria na vida cotidiana / Dalai Lama ; organizado por Nicholas Vreeland ; posfácio de Richard Gere ; tradução de Vera Ribeiro. – São Paulo : Martins Fontes – selo Martins, 2013.

Título original: A Profound Mind: Cultivating Wisdom in Everyday Life.
ISBN 978-85-8063-082-4

1. Ecumenismo 2. Espiritualidade 3. Meditação 4. Vida espiritual – Budismo 5. Vida espiritual – Cristianismo I. Vreeland, Nicholas. II. Gere, Richard. III. Título.

13-00506   CDD-294.3444

Índices para catálogo sistemático:
1. Budismo : Vida espiritual : Religião   294.3444
2. Vida espiritual : Budismo : Religião   294.3444

Todos os direitos desta edição reservados à
Martins Editora Livraria Ltda.
Av. Dr. Arnaldo, 2076
01255-000 São Paulo SP Brasil
Tel.: (11) 3116 0000
info@martinseditora.com.br
www.martinsmartinsfontes.com.br

SUMÁRIO

Prefácio de Nicholas Vreeland   VII
Introdução   1

Capítulo 1 Tradições espirituais diversas   3
Capítulo 2 O que há de singular no budismo   13
Capítulo 3 As escolas budistas – divisões do budismo   21
Capítulo 4 As quatro verdades nobres   31
Capítulo 5 O papel do carma   37
Capítulo 6 A identificação do eu   43
Capítulo 7 A visão da escola hinaiana   59
Capítulo 8 A visão da escola cittamatra   63
Capítulo 9 O caminho do meio   67
Capítulo 10 O aspecto metodológico do caminho   87
Capítulo 11 Como praticar   105

Posfácio de Richard Gere   117

PREFÁCIO

Talvez a principal diferença entre o budismo e as outras grandes tradições religiosas do mundo resida em sua apresentação de nossa identidade nuclear. A existência da alma ou do eu, que é afirmada de diferentes maneiras pelo hinduísmo, judaísmo, cristianismo e islamismo, não só é firmemente negada no budismo, como a crença nela é identificada como a origem de todo o nosso sofrimento. O caminho budista é, fundamentalmente, um processo no qual se aprende a reconhecer a inexistência essencial do eu e, ao mesmo tempo, busca-se ajudar outras pessoas a também reconhecê-la.

O mero reconhecimento da ausência ou inexistência de um eu essencial não nos livra de nossas dificuldades. Devemos cultivar uma mente profunda aumentando nossa compreensão e fortalecendo-a por meio da contemplação e do estudo lógico.

E, para que essa mente profunda evolua para a mente onisciente de um Buda, capaz de efetivamente orientar os outros em seus caminhos para a iluminação, ela deve ser motivada por algo mais do que o desejo de nossa paz pessoal.

Em 2003, Khyongla Rato Rinpoche, fundador da Kunkhyab Thardo Ling ("Terra Perpassada pelos que Buscam a Libertação", também conhecida como The Tibet Center [Centro Tibetano]), juntou-se a Richard Gere e a sua organização beneficente, a Healing the Divide, para convidar o Dalai Lama a visitar a cidade de Nova York. Pediram-lhe que falasse, em especial, sobre a visão budista da inexistência do eu, tal como exposta nos *Versos radicais sobre filosofias indianas – O rugido do leão*, texto tibetano seiscentista de Jamyang Shepa, erudito que se destacou por seu conhecimento das diferentes visões filosóficas existentes na Índia no auge do budismo. Para que as palestras de Dalai Lama incluíssem um aspecto prático, eles também lhe pediram que falasse sobre a técnica meditativa resumida em *O treino da mente em sete pontos*, um livrinho redigido no século XII pelo renomado praticante tibetano Chekawa Yeshe Dorje.

Alguns anos depois, em 2007, Khyongla Rato Rinpoche e Richard Gere tornaram a convidar Dalai Lama a ir a Nova York, dessa vez para oferecer ensinamentos sobre o *Sutra do lapidador de diamantes*, um clássico discurso de Buda

PREFÁCIO

sobre o vazio da existência intrínseca de tudo o que existe. O Dalai Lama também incluiu nessa visita uma exposição dos *Setenta versos sobre o vazio*, de Nagarjuna, filósofo budista do século II que muitos consideram o maior explicador dos ensinamentos de Buda sobre o vazio, amiúde muito difíceis e aparentemente paradoxais.

Ao longo de todas essas palestras, Dalai Lama procurou não apenas conduzir seus ouvintes pelas complexidades da doutrina budista da inexistência do eu, mas também mostrar-lhes como introduzir ativamente esses ensinamentos em sua vida. É vivendo na prática esses ensinamentos que permitimos que eles promovam uma verdadeira transformação em nossa percepção de nós mesmos e de nossa vida.

Este livro saiu das referidas palestras, todas esplendidamente traduzidas por Geshe Thupten Jinpa*. Ele é oferecido na viva esperança de que possa promover no Ocidente a compreensão da doutrina budista da inexistência do eu e de sua utilidade para levarmos uma vida mais significativa e feliz.

Quero estender meu profundo agradecimento a todos os que me ajudaram na preparação deste volume e assegurar ao leitor que quaisquer erros nele encontrados são puramente meus.

NICHOLAS VREELAND

---

* Refere-se à tradução para o inglês da edição original deste livro. (N. E.)

INTRODUÇÃO

É minha esperança que possamos explorar neste livro as verdadeiras crenças do budismo, para que os equívocos sejam desfeitos. Espero também que este livro possa ajudar os leitores praticantes de outras religiões a compreender as crenças de uma tradição religiosa irmã. Se houver nela alguma coisa que vocês queiram incorporar à sua prática, espero que o façam.

Veremos algumas interpretações filosóficas dos ensinamentos transmitidos pelo Senhor Buda há mais de 2.500 anos, e examinaremos temas como o vazio e a originação dependente. Em seguida, discutiremos como cultivá-los, e também como cultivar a mente altruísta da iluminação a que damos, em sânscrito, o nome de bodicita.

Ao progredirmos, devemos aplicar aquilo que aprendemos. Há um provérbio tibetano que diz que não deve haver entre nosso estado mental e aquilo que é ensinado um abismo tão grande que nele possamos cair. À medida que você for lendo, espero que relacione o que lê com a sua experiência pessoal; à medida que eu for ensinando, tentarei fazer o mesmo.

Se o material que procuro transmitir permanecer obscuro para mim, como me será possível comunicar seu significado a outras pessoas? Embora eu não possa afirmar ter grande domínio dos assuntos que discutiremos aqui, penso que, quando o tema é tão importante quanto creio ser este, até uma compreensão medíocre é muito melhor do que nenhuma. Todavia, por ler um livro que provém da minha compreensão medíocre, você só pode ter a expectativa de obter uma compreensão que será metade conhecimento, metade ignorância. Também isso, porém, é melhor do que nenhuma compreensão!

Capítulo 1

TRADIÇÕES ESPIRITUAIS DIVERSAS

Os budistas creem que somos responsáveis pela qualidade de nossa vida, por nossa felicidade e nossos recursos. Para chegar a uma vida significativa, devemos transformar nossos sentimentos, pois essa é a maneira mais eficaz de trazer a futura felicidade para nós e para todos os outros.

Ninguém pode nos forçar a transformar nossas mentes, nem mesmo Buda. Devemos fazê-lo voluntariamente. Por isso Buda afirmou: "És o teu próprio mestre".

Nossos esforços devem ser realistas. Devemos demonstrar a nós mesmos que os métodos que estamos seguindo trarão os resultados desejados. Não podemos confiar meramente na fé. É essencial examinarmos o caminho que tencionamos seguir para estabelecer com clareza o que é e o que não é eficaz, a fim de que os métodos de nossos esforços possam lograr êxito. Creio que isso é essencial se quisermos encontrar uma felicidade verdadeira na vida.

Reluto em lhes falar de uma tradição espiritual que não é a de vocês. São muitas as belas religiões que, ao longo dos séculos, ajudaram seus seguidores a alcançar a paz de espírito e a felicidade. Mas talvez haja aspectos do budismo que vocês possam introduzir em sua prática espiritual.

Além disso, alguns de vocês deixaram a religião de lado e vêm buscando noutros lugares as respostas para suas indagações mais profundas. Talvez tenham inclinação para as filosofias orientais, com sua crença no carma e em vidas passadas. De maneira semelhante, alguns jovens tibetanos descartaram suas origens budistas, encontrando consolo espiritual no cristianismo e no islamismo.

Infelizmente, muitos de nós, das várias tradições do budismo, incluindo chineses, japoneses, tailandeses e cingaleses, simplesmente se denominam budistas, sem realmente conhecer o significado da palavra de Buda. Nagarjuna, um dos maiores estudiosos e praticantes do budismo, escreveu muitos livros explicativos sobre o pensamento e a prática budistas, os quais refletem a necessidade de conhecermos bem os ensinamentos de Buda. Para desenvolver nossa compreensão, devemos estudar esses ensinamentos. Se a compreensão profunda não fosse tão crucial para a nossa prática do budismo, duvido que os grandes eruditos do passado houvessem se dado o trabalho de escrever seus importantes tratados.

TRADIÇÕES ESPIRITUAIS DIVERSAS

Muitos equívocos surgiram acerca do budismo, sobretudo do budismo tibetano, que é comumente retratado como misterioso e esotérico, envolvendo o culto de divindades sanguinárias e cheias de ira. Creio que nós, tibetanos, com nossa predileção por cerimônias pomposas e trajes requintados, temos parte da responsabilidade por isso. Embora muito do ritual de nossa prática tenha vindo do próprio Buda, certamente somos responsáveis por certo rebuscamento. Talvez o clima frio do Tibete tenha se tornado uma justificativa para nossos excessos em matéria de vestuário. Os lamas tibetanos – nossos mestres – também foram responsáveis por alguns equívocos. Cada pequeno vilarejo tinha seu próprio mosteiro, com um lama que presidia a sociedade local. Essa tradição foi erroneamente identificada como lamaísmo, sugerindo que nossa religião seria separada do budismo.

Em tempos de globalização, parece-me particularmente importante nos familiarizarmos com as crenças de terceiros. As grandes cidades do Ocidente, com seu sabor multicultural, tornaram-se verdadeiros microcosmos de nosso planeta. Nelas convivem religiões do mundo inteiro. Para que haja harmonia entre essas comunidades, é essencial que conheçamos as crenças uns dos outros.

Por que existem filosofias tão diversas, com tantas tradições espirituais variadas que se baseiam nelas? Do ponto de vista budista, reconhecemos a grande diversidade das inclinações e predisposições mentais dos seres humanos. Nós não apenas somos muito diferentes uns dos outros, como nossas tendências – que os budistas consideram herdadas de vidas passadas – também variam enormemente.

Dada a diversidade que isso implica, é compreensível que encontremos um espectro muito vasto de sistemas filosóficos e tradições espirituais. Eles são uma herança importante da humanidade e servem a interesses humanos. Devemos reconhecer o valor da diversidade filosófica e espiritual.

Até nos ensinamentos do Buda Shakyamuni encontramos uma variedade de posturas filosóficas. Há momentos em que Buda afirma explicitamente que as partes físicas e mentais que constituem cada um de nós podem ser assemelhadas a um fardo que a pessoa carrega, sugerindo com isso que a pessoa existe como um eu autônomo, que possui e governa "suas" partes. Em outros ensinamentos, Buda refuta qualquer existência objetiva. Aceitamos a diversidade de seus ensinamentos como um reflexo de sua habilidosa capacidade de abordar a enorme variedade de inclinações mentais de seus diversos seguidores.

Quando examinamos as tradições espirituais existentes no mundo, constatamos que todas concordam quanto à importância da prática ética. Até os antigos charvakas indianos – niilistas que negavam qualquer tipo de vida após a morte – afirmavam que, já que esta é a nossa única vida, é importante que a conduzamos moralmente, disciplinando a mente e procurando aprimorar-nos.

Todas as tradições espirituais almejam nos ajudar a superar nosso sofrimento temporário e prolongado e alcançar uma felicidade duradoura. Nenhuma religião busca aumentar nossa miséria. Constatamos que a compaixão e a sabedoria são qualidades fundamentais do Deus descrito nas várias tradições teístas. Em religião nenhuma a divindade é concebida como a encarnação do ódio ou da hostilidade. É que a compaixão e a sabedoria são qualidades que nós, seres humanos, de maneira natural e espontânea, consideramos virtuosas. Intuindo que tais qualidades são desejáveis, naturalmente as projetamos em nossas concepções do divino.

Creio que, quando somos verdadeiramente devotos de Deus, nosso amor a ele se expressa necessariamente em nossa conduta cotidiana, sobretudo na maneira de tratarmos nossos semelhantes. Portarmo-nos de outra maneira tornaria inútil o nosso amor a Deus.

Quando discursei num ofício ecumênico na Catedral Nacional, em Washington, DC, em setembro de 2003, para homenagear as vítimas da tragédia de 11 de setembro de 2001, senti que era importante externar meu medo de que alguns pudessem ver o islamismo como uma religião beligerante. Adverti que isso seria um grave erro, porque o islamismo tem, em seu cerne, os mesmos valores éticos de todas as outras grandes tradições religiosas do mundo, com ênfase particular na bondade para com o semelhante. Sempre me impressionei com a atenção dada pelo islamismo à justiça social, especialmente com sua proibição da exploração financeira através da cobrança de juros e seu preceito contra o consumo de álcool e outras substâncias tóxicas. De acordo com meus amigos muçulmanos, não há como um verdadeiro praticante do islamismo justificar a inflicção de danos a outro ser humano. Eles enfatizam que qualquer pessoa que faça mal a um semelhante em nome do islamismo não é um verdadeiro muçulmano. É importante assegurar que não caiamos na tentação de criticar o islamismo pelos erros de indivíduos que tanto deturpam uma das grandes religiões mundiais.

Para mim, é animador ter conhecido padres e freiras cristãos e rabinos judeus, todos igualmente devotos e que, embora mantendo-se profundamente fiéis a suas tradições religiosas, adotaram algumas práticas budistas que consideram benéficas. Quando o Buda Shakyamuni ensinou o budismo pela primeira vez, há 2.500 anos, apresentando ao mundo uma filosofia e uma prática espiritual novas, não o fez sem incorporar elementos úteis que tinham origem em outras fontes. Ao agir dessa maneira, ele incluiu muitas crenças e práticas já existentes, tais como a aceitação de vidas passadas e o cultivo da concentração da mente.

Em nossa busca para aprender mais sobre outras religiões e as ideias que elas defendem, é importante nos mantermos fiéis a nossa própria religião. Em minha opinião, é muito mais seguro e sensato permanecermos dentro de nossa própria tradição religiosa, pois é frequente nos entusiasmarmos demais com uma nova conquista e depois ficarmos insatisfeitos com ela. Existe o perigo de nos aproximarmos de nosso interesse inicial pelo budismo com o entusiasmo dos novatos e, em seguida, nos desencantarmos. Em minha primeira visita à Índia, em 1956, conheci uma monja budista europeia que parecia particularmente dedicada à prática de sua religião recém-adotada. Ao regressar à Índia como refugiado, em 1959, perguntei por essa pessoa e soube que, apesar de ter sido inicialmente fervorosa em sua prática, ao retornar a sua terra natal ela se tornara extremamente crítica em relação ao budismo.

Lembro-me também de uma polonesa que se tornara membro da Sociedade Teosófica de Madras, na década de 1940. Ela foi muito útil para meus conterrâneos tibetanos, por ter criado um sistema de ensino para suas crianças refugiadas. Interessou-se profundamente pelo budismo e, a certa altura, parecia ter se tornado budista. Tempos depois, entretanto, quando estava com cerca de 80 anos de idade e se aproximando do momento crítico da morte, pareceu ser consumida pela ideia de um ser criador, o que lhe causou extrema confusão. Assim, aconselhei-a a pensar em Deus, a sentir amor a Deus e a rezar para sua ideia de Deus. É por essa razão que friso a importância de nos atermos a nossas tradições. Mudar de religião sem analisar seriamente aquilo que estamos adotando não conduz à felicidade que todos buscamos.

QUAL É O SENTIDO DA VIDA?

Embora a riqueza possa ser importante para nossa felicidade, não creio que o seja em termos supremos. A mera riqueza não nos traz uma profunda satisfação íntima. Todos estamos cientes da infelicidade que comumente acompanha a fortuna. Creio também que os bons companheiros são secundários. Ainda que um cônjuge possa proporcionar um alívio temporário das dores da vida, não acredito que os familiares e amigos possam, em última instância, fornecer a verdadeira felicidade interior que buscamos. É frequente as pessoas queridas trazerem mais angústia a nossa vida, ao passo que a mente serena e pacífica transmite uma felicidade profunda, que pode até afetar o nosso estado físico.

A mente inteligente, com certa característica de calma e compaixão, tem o potencial de evoluir para uma mente verdadeiramente pacífica, que traga felicidade a nós mesmos e àqueles que nos cercam. Como é possível fazermos surgir uma mente serena e pacífica? As substâncias inebriantes não são a resposta. Podemos achar que os animais simplórios têm a solução, porém seu estado mental é limitado e não pode se aprimorar.

Considero a compaixão uma qualidade mental capaz de nos trazer paz interior e força interior verdadeiras e duradouras. Podemos cultivá-la usando nossa inteligência para transformar nossos sentimentos. Reduzimos nossos afetos destrutivos, induzidos pelo egoísmo, e aumentamos nossos sentimentos construtivos altruístas, trazendo felicidade para dentro de nós mesmos e dos outros.

Nascemos com um potencial básico de compaixão que é essencial para nossa existência contínua. Embora sentimentos como o medo e o ódio também possam ser vitais para nossa sobrevivência, é fácil nossas mentes sofisticadas serem dominadas pela falsa confiança que a raiva é capaz de instilar em nós. Negligenciamos nossos sentimentos mais positivos e desconsideramos nosso senso de respeito pelos outros, nossas responsabilidades civis ou nosso desejo de compartilhar os problemas alheios. Com essas falsas impressões de independência, supomos não necessitar dos outros. Esse senso inflacionado do eu afasta-nos da paz e da felicidade interiores que buscamos e afeta, de maneira igualmente negativa, aqueles que nos cercam.

A IDEIA BUDISTA DO EU

A humanidade elaborou várias tradições religiosas, algumas das quais acreditam em um ser criador – Deus –, outras não. Entre as religiões não teístas, apenas o budismo e o jainismo ainda são praticados na atualidade. Embora a antiga filosofia sanquia indiana tivesse um ramo teísta que acreditava em Brama, o criador, e uma divisão não teísta, não conheço nenhum adepto do primeiro ramo e me pergunto se tais fiéis ainda existem.

Entre essas três concepções não teístas, os jainistas e os sanquias não teístas propõem um "eu" independente, a que dão o nome de *atmã*. A existência desse eu independente é negada pelos budistas. A diferenciação entre as escolas filosóficas budistas e não budistas da antiga Índia, portanto, dá-se conforme haja ou não aceitação de um eu eterno, duradouro e permanente.

Embora falemos de um eu no budismo, consideramos qualquer conceito de "eu" meramente designado ou identificado na dependência do corpo e da mente que nos compõem.

Todas as três concepções não teístas citadas partilham a convicção da lei da causalidade – carma –, que é responsável por tudo o que se poderia atribuir a um criador.

ORIGINAÇÃO DEPENDENTE

Uma diferença radical entre budistas e não budistas diz respeito ao princípio da originação dependente – *pratityasamutpada*. Grosso modo, a originação dependente simplesmente se refere à dependência que uma coisa tem de causas e condições, e explica a origem de tudo em termos de causa e efeito. É graças à originação dependente, por exemplo, que a prática espiritual é eficaz e acarreta mudanças internas. De acordo com os budistas, tais mudanças não acontecem graças à vontade de Deus; em vez disso, acontecem como resultado de nossa implementação de causas apropriadas. Foi por isso que Buda afirmou que somos nossos próprios mestres. Dado que nosso bem-estar futuro está em nossas próprias mãos, somos nós – por nosso comportamento – que determinamos se nosso futuro será feliz ou não.

Capítulo 2

O QUE HÁ DE SINGULAR NO BUDISMO

O budismo pode ser distinguido de outras tradições religiosas e escolas filosóficas por quatro "selos", que constituem as marcas ou características do budismo.

O primeiro deles afirma que todas as coisas condicionadas são impermanentes e transitórias. Isso é algo que sabemos intimamente, ao observarmos nosso envelhecimento. Também podemos ver reflexos da impermanência no mundo físico que nos cerca, uma vez que ele se modifica dia a dia, de estação para estação e de ano para ano.

A impermanência não se limita ao desgaste e à desintegração finais das coisas; pode ser mais sutil que isso. As coisas só existem em caráter momentâneo, cada momento de sua existência causando o seguinte, o qual, por sua vez, causa o que vem depois. Tomemos como exemplo uma maçã. Por um ou dois dias, ela pode se manter com aparência e madureza muito semelhantes às da maçã que consideramos inicialmente. Com o tempo, entretanto, vai ficando cada vez mais madura, e acaba apodrecendo. Se a deixarmos exposta por muito tempo, ela se desintegrará em algo que já não identificaremos como uma maçã. No fim, quando tiver se decomposto por completo, já não haverá maçã alguma. Essa é uma manifestação do aspecto mais grosseiro da impermanência.

Em um nível mais sutil, a maçã se modifica de momento a momento, e cada momento funciona como causa do seguinte. Ao reconhecermos essa natureza momentânea da maçã, torna-se difícil afirmarmos que existe uma maçã subjacente que seja possuidora desses momentos de sua existência.

Esse caráter transitório é também uma característica de nós mesmos. Existimos num plano momentâneo em que cada momento causa nosso momento de existência seguinte, o qual, por sua vez, causa o momento subsequente, num processo que avança dia a dia, mês a mês, ano a ano e, talvez, até vida a vida.

Isso também se aplica ao nosso meio ambiente. Até os objetos aparentemente mais concretos e duradouros que nos cercam, como as montanhas e vales, modificam-se ao longo do tempo – milhões de anos – e acabarão por desaparecer. Essa transformação mais grosseira só é possível devido ao constante processo de mudança que ocorre de momento em momento. Se não existisse essa mudança momentânea, não poderia haver grandes mudanças em longos períodos de tempo.

Dharmakirti, um lógico budista do século VII, afirmava que "todos os fenômenos provenientes de causas e condições são naturalmente impermanentes". Isso sugere que tudo o que passou a existir graças à agregação de várias causas e condições está, por natureza, sujeito à mudança. O que promove essa mudança? Nós, budistas, afirmamos que as próprias causas que fizeram algo existir originalmente são responsáveis por sua evolução. Por isso, dizemos que as coisas estão sob o poder de outras causas e condições – são movidas pelo outro.

Alguns pensadores budistas aceitam a impermanência de nossa maçã como se significasse meramente que ela nasce, perdura e declina, até deixar de existir por completo. A maioria dos budistas entende a impermanência da maçã como sua natureza momentânea: sua existência momento a momento, na qual cada momento termina ao se iniciar o seguinte. Eles considerariam que as próprias causas e condições que fazem surgir a maçã – a semente que se transformou na macieira em que nossa maçã foi colhida, a terra em que cresceu a macieira, a chuva que a irrigou, o sol e o fertilizante que alimentaram o crescimento da semente até sua transformação em uma árvore – são as mesmas que acarretam sua desintegração, não sendo necessária nenhuma outra causa.

Quais são as causas e condições da nossa existência individual – a de vocês e a minha? Nosso momento de existência atual é causado pelo momento imediatamente anterior, remontando até o momento do nosso nascimento e, antes ainda, através dos nove meses no útero materno, até o momento da nossa concepção. É na concepção que nosso corpo físico é causado, pela união do sêmen de nosso pai com o óvulo de nossa mãe. É também na concepção que, de acordo com o budismo, nossa dimensão mental, ou consciência – sem ser física –, é causada pelo momento anterior dessa consciência, cujo fluxo de momentos recua, através das experiências entre vidas, até nossa vida passada e à vida antes dessa, e à vida mais anterior, por infinitas vidas.

A causa radical de nossa existência não iluminada nesse ciclo de renascimentos – *samsara*, em sânscrito – seria a nossa ignorância fundamental: nosso apego a um sentimento de eu. As concepções dos diferentes budistas sobre essa ignorância apegada ao eu serão examinadas ao longo deste livro. Trata-se de um tema essencial, uma vez que o budismo entende a eliminação de tal ignorância como o caminho para a nossa verdadeira paz e felicidade.

Também devemos identificar logo de início as causas e condições que moldam nossa existência não iluminada no *samsara*: nossas atitudes mentais aflitivas, como o anseio ou avidez, a aversão, o orgulho e a inveja. Elas são aflitivas na medida em que acarretam nossa infelicidade.

Nossa avidez nos leva a desejar mais coisas e a ficar insatisfeitos com o que temos. Posteriormente, renascemos numa situação de necessidade e insatisfação. A aversão diminui nossa paciência e aumenta nossa tendência à raiva. Similarmente, todas as nossas aflições – nosso orgulho, nossa inveja – solapam nossa paz de espírito e nos fazem infelizes.

Tais aflições mentais dominaram nossos atos por infinitas vidas passadas. Por conseguinte, nossa existência condicionada é descrita como uma realidade contaminada, uma vez que nossos pensamentos são contaminados por sentimentos aflitivos. Enquanto ficamos sob a influência desses sentimentos, não detemos o controle de nós mesmos, não somos verdadeiramente livres. Nossa existência, portanto, é fundamentalmente insatisfatória, tendo a natureza do sofrimento.

Logo depois de alcançar a iluminação, o Buda Shakyamuni ensinou-nos sobre o sofrimento. Identificou-o como dividido em três níveis. O primeiro nível do sofrimento, aquele que se evidencia mais imediatamente, é o da dor mental e física. O segundo, um nível de sofrimento mais sutil, é o criado não pelas sensações dolorosas, mas pelas prazerosas. Por que o prazer causa sofrimento? Porque sempre acaba cessando, deixando-nos ansiosos por mais. Entretanto, o nível mais importante é o terceiro, uma forma de sofrimento que perpassa nossa vida inteira. É a esse último nível que se faz referência numa segunda característica que define o budismo: todos os fenômenos contaminados – todas as coisas que existem – estão embutidos na natureza do sofrimento.

A terceira das quatro características ou selos do budismo é que todos os fenômenos são desprovidos de um eu intrínseco. Ao longo deste livro, descobriremos o que se pretende dizer com a existência de um eu intrínseco e a falta dele.

Recapitulando essas três primeiras características, todas as coisas compostas, quer se trate de ar, pedras, quer se trate de criaturas vivas, são impermanentes, são da natureza do sofrimento, e todos os fenômenos são desprovidos de um eu. Nossa ignorância dessa natureza sem a existência intrínseca de tudo o que existe é a causa fundamental de nossa vida não iluminada. Felizmente, é graças a essa natureza desprovida de eu que temos o potencial de acabar com nossa situação miserável na existência cíclica.

A força da sabedoria, cultivada pouco a pouco, permite-nos diminuir e enfim eliminar nossa ignorância fundamental apegada ao sentimento do eu. O cultivo da sabedoria acarreta um estado que ultrapassa a tristeza – o *nirvana*, em sânscrito. A quarta característica do budismo é que o nirvana é a verdadeira paz.

Portanto... a raiz de nossa infelicidade é nossa visão falsamente sustentada de que possuímos uma realidade substancial verdadeira ou duradoura. Mas, de acordo com o budismo, há um modo de sairmos desse dilema, e esse modo consiste em reconhecermos nossa verdadeira identidade: aquela que está por trás de nossas falsas concepções de um eu pessoal duradouro.

Nossa mente é essencialmente pura e luminosa. Os pensamentos e sentimentos aflitivos que poluem nosso eu superficial do dia a dia não conseguem tocar essa mente essencial. Por serem adventícias, essas formas de poluição podem ser eliminadas. A prática budista almeja, primordialmente, cultivar antídotos para esses pensamentos e sentimentos aflitivos, com o objetivo de extirpar a causa radical da nossa existência não iluminada e promover a libertação do sofrimento.

A técnica que empregamos para fazer isso é a meditação. Existem, obviamente, diversas formas de meditação, e muitas delas são largamente praticadas hoje em dia. A forma de meditação que focalizaremos neste livro, entretanto, difere de alguns desses métodos por não ser meramente um exercício para tranquilizar a mente. O estudo e a contemplação diligentes são essenciais. Familiarizamos a mente com ideias novas, como as que estamos explorando neste livro, ao analisá-las logicamente, ampliar nossa compreensão e aprofundar nosso discernimento. Chamamos a isso meditação analítica, forma de meditação que deve ser aplicada ao conteúdo deste livro se quisermos promover uma mudança verdadeira em nossa percepção de nós mesmos e de nosso mundo.

Capítulo 3

AS ESCOLAS BUDISTAS – DIVISÕES DO BUDISMO

É comum dividir-se o budismo em hinaiana e maaiana, ou veículo menor e veículo maior. O hinaiana, ou veículo menor, direciona-se para a libertação dos sofrimentos da vida no ciclo de renascimentos em que todos nos encontramos. O praticante do hinaiana busca libertar-se dos grilhões do *samsara*. Maaiana, que significa "veículo maior", refere-se a um processo que almeja alcançar a budeidade, o supremo estado iluminado de onisciência. O adepto do maaiana esforça-se para atingir esse estado supremo de iluminação, a fim de ajudar todas as outras pessoas a saírem de sua miséria.

Às vezes distingue-se um terceiro veículo. O budismo vajraiana ou tântrico é praticado pela repetição de mantras, ao lado de métodos avançados de visualização e concentração, através dos quais a pessoa cultiva um estado particularmente sutil de consciência, que lhe possibilita um avanço mais rápido no caminho para a plena iluminação. Todavia, como as técnicas meditativas vajraianas almejam o alcance da budeidade em prol de todos os seres sencientes – a imensa variedade de possuidores de consciência e sentimento de eu, que incluiria pessoas e animais –, esse veículo, na verdade, está incluído no budismo maaiana.

Lamentavelmente, os textos budistas tibetanos comumente presumem a familiaridade do leitor com o budismo. Os escritos budistas tradicionais supõem que o praticante esteja familiarizado com a ideia de carma – as leis de causa e efeito – e a de vazio. Somente pela familiaridade com esses assuntos é que, do ponto de vista budista, podemos realmente compreender temas como a preciosidade da vida humana, a inevitabilidade da morte e a natureza relativa de todos os conhecimentos mundanos. Sem esse conhecimento contextual, a eficácia de nossa meditação sobre esses assuntos fica limitada. Isso se aplica particularmente à prática do vajraiana. Não podemos esperar resultados das iniciações tântricas e de uma prática tântrica diária sem um sólido conhecimento de por que estamos praticando. Muitos budistas tibetanos e chineses gastam um tempo enorme recitando mantras e entoando orações, sem se dedicarem muito a pensar. Duvido que isso traga grande benefício. A prática budista eficiente depende da nossa compreensão das doutrinas budistas. Sem ela, não podemos ser verdadeiros praticantes budistas.

AS ESCOLAS BUDISTAS – DIVISÕES DO BUDISMO

Em geral, faz-se uma distinção alternativa entre o budismo maaiana e o hinaiana com base nos dogmas filosóficos. Das quatro escolas de filosofia budista que examinaremos neste livro – vaibashika, sautrantika, cittamatra e madhyamika –, as duas primeiras são menores ou hinaianas, enquanto as duas últimas são maaianas.

Essas duas maneiras distintas de diferenciar os hinaianas dos maaianas, com base na motivação e na visão filosófica, levaram a diversas possibilidades entre as duas categorias. Um praticante budista pode possuir grande amor e compaixão por todos os seres sencientes, que o levariam a buscar a budeidade para melhor servir aos outros. Tal atitude definiria esse praticante como um bodisatva – um possuidor da bodicita, a mente altruísta da iluminação – e o estabeleceria como maaianista. Entretanto, se esse maaianista defendesse as concepções filosóficas dos vaibashikas ou dos sautrantikas – os quais acreditam que, embora sejamos impermanentes e nos modifiquemos de momento em momento, há no cerne de cada um de nós um eu verdadeiramente existente, que possui partes mentais e físicas –, ele seria defensor de dogmas hinaianas.

De outro lado, alguém poderia defender a visão da escola de filosofia madhyamika dos maaianas, segundo a qual todos os fenômenos são vazios até da mais ínfima característica de existência objetiva e adota uma prática espiritual norteada pelo objetivo hinaiana da mera paz, em relação ao sofrimento recorrente da existência cíclica.

Portanto, é nossa motivação que determina se somos hinaianistas, decididos a salvar a nós mesmos, ou maaianistas, lutando para ajudar todos os seres sencientes. E, de um modo bem distinto de termos uma motivação hinaianista ou maaianista, podemos sustentar as concepções filosóficas de qualquer uma das quatro escolas de filosofia budista.

O NÃO EU

A visão do não eu, ou da ausência de um eu intrínseco, é a essência do ensinamento de Buda. Os filósofos budistas interpretaram esse não eu, essa impessoalidade, de maneiras diferentes. Cortaram os aspectos insustentáveis do eu, ao mesmo tempo tentando não negar por completo a existência das coisas. Como resultado, temos um leque de visões do não eu, que variam desde a negação da permanência até a rejeição da existência intrínseca. Para as primeiras, o caráter impermanente e momentâneo da pessoa seria seu não eu, sua impessoalidade, ao passo que, para as outras, isso seria definido pela falta de existência intrínseca da pessoa. Podemos pensar nas diferentes interpretações do não eu como degraus de uma escada que conduz à visão suprema. Cada degrau dessa escada nos ajuda a reconhecer aspectos mais sutis da existência – em particular, como é e não é possível dizer que nós e o mundo que nos cerca existimos.

Quais são essas interpretações diferentes? Começando pela base da escada, temos as duas concepções hinaianas: as escolas filosóficas dos vaibashikas e dos sautrantikas. Para ambas, a pessoa pode ser definida pela ausência de um eu intrínseco, mas não por todos os outros fenômenos – como as partes físicas e mentais de que a pessoa se compõe. A compreensão que elas têm do não eu concentra-se na falta de autossuficiência e independência da pessoa. O seguidor de uma dessas escolas procura reconhecer esse traço da existência, que é especificamente dependente.

Os filósofos dos degraus superiores da escada – os da escola cittamatra, ou "Apenas a Mente", e os de outra escola mais sutil, a madhyamika, ou do "Caminho do Meio" – afirmam que essa definição do não eu é restrita demais. Tais filósofos maaianas ampliaram o conceito de impessoalidade para fazê-lo abranger as partes que compõem a pessoa: os agregados físicos e mentais que constituem nossa existência. Eles afirmam que a ideia de não eu deve estender-se de modo a incluir tudo aquilo que existe. Argumentam ainda que, enquanto existe algum caráter de eu, ou a atribuição de qualquer existência intrínseca a um objeto, persiste o potencial de virmos a sentir apego ou aversão por ele.

Apenas a Mente

Podemos aceitar a ideia de que não existe um eu separado e independente das partes que nos compõem. Mas como podemos aplicar essa mesma característica de impessoalidade às coisas que compõem o mundo ao nosso redor? A escola cittamatra, ou Apenas a Mente, sugere que os objetos parecem ser, naturalmente, os pontos de referência de nossos pensamentos e dos termos que lhes aplicamos. Uma casa parece constituir a base da denominação que lhe damos, o que sugere que, entre as paredes, o telhado e as fundações, há algo que justifica naturalmente que o conjunto composto por essas partes seja identificado como "casa". Entretanto, não há nada na casa ou entre suas partes que possa estabelecê-la como candidata natural ao termo "casa". A base de a casa ser chamada dessa maneira é puramente convencional. Os falantes de inglês concordam em que determinada montagem de madeira, pregos e estuque é chamada de *house* ["casa"].

Os filósofos da escola Apenas a Mente propõem ainda que nossa percepção dos objetos externos – mesas e cadeiras, por exemplo – não passa da maturação de potenciais. A mesa é percebida não por existir na sala diante de mim, mas porque um potencial no *continuum* de momentos sem início que há na minha mente amadureceu e se manifestou. A mesa que vejo, portanto, não é separada da percepção que tenho dela; na verdade, é da mesma natureza da minha percepção mental. O nome Apenas a Mente refere-se à natureza não dual de sujeito e objeto – a mente e o objeto que ela percebe.

Essa não separação entre a mente e seu objeto é o modo como os filósofos da escola Apenas a Mente aplicam a impessoalidade aos fenômenos e às pessoas. Nesse processo, entretanto, eles parecem atribuir a existência de todos os fenômenos externos à mente que os percebe, investindo-a de uma característica de existência que é questionada pelos filósofos do degrau seguinte.

O Caminho do Meio

Os filósofos da madhyamika, ou Caminho do Meio, afirmam que o não eu, tal como aplicado a uma pessoa e às coisas que ela experimenta, também deve ser aplicado à mente dessa pessoa: a seus sentimentos, pensamentos, emoções, experiências e à própria consciência. Assim como não se pode encontrar uma cadeira com existência independente entre suas partes, não se pode encontrar a mente entre os sentimentos e emoções que a compõem.

Os filósofos da madhyamika chegam a questionar a própria ideia da existência objetiva ou intrínseca das coisas. Nagarjuna, o pioneiro madhyamika do século II d.C., assinalava que, quando se atribui uma qualidade de existência objetiva a algo, por mais sutil que seja essa qualidade, ela se torna a base para a ocorrência de aflições e seu consequente sofrimento.

Negar uma qualidade intrínseca da existência de uma coisa pareceria ser uma negação da própria coisa. Os filósofos budistas dos degraus inferiores, como Dharmakirti, afirmam que todo fenômeno deve possuir sua característica definidora. Isso sugere que, em um nível fundamental, as coisas precisam ter certa realidade intrínseca para existir. Como pode uma cadeira estar livre da "cadeirice" inerente? Isso pareceria absurdo. No entanto, é justamente esse caráter de existência que os filósofos madhyamika refutam.

Nagarjuna explica que, ao refutar a existência intrínseca, não está negando a existência em si. Além disso, sugere que é precisamente graças a essa falta de existência intrínseca que os fenômenos podem existir. Nossa percepção de uma cadeira como possuidora de sua "cadeirice" intrínseca é ilusória. Baseia-se na suposição incorreta de que a cadeira existe por si mesma como portadora do nome "cadeira". A cadeira só pode existir graças a seu vazio ou à ausência de qualquer existência inerente. É esse vazio da "cadeirice" que possibilita a existência da cadeira.

Recapitulando, vemos como as linhas de raciocínio lógico propostas pelas diferentes escolas filosóficas budistas para determinar como as coisas podem existir tornam-se cada vez mais sutis à medida que subimos os degraus de nossa escada filosófica. A princípio, os fenômenos são entendidos como dependentes de causas e condições, e por isso parece faltar-lhes uma existência autônoma independente. Em seguida, vê-se que eles existem como manifestações de potências internas e, por conseguinte, não independentes da mente que os vivencia. Por último, considera-se que os fenômenos existem como meros nomes ou designações, faltando-lhes até mesmo sua existência intrínseca.

Como já foi dito, segundo a interpretação que Nagarjuna dá à impessoalidade, não pode haver diferença entre o não eu da pessoa e o não eu dos fenômenos. A pessoa ou "eu" não pode ser encontrada dentro dos elementos físicos ou mentais que a compõem, tampouco revela ser a coleção ou o *continuum* desses elementos físicos e mentais. Constata-se, portanto, que nosso senso de "eu" nada mais é do que um constructo ou uma ideia aplicada aos agregados ou partes físicos e mentais que servem de base para essa designação. Da mesma forma, cada fenômeno de que somos compostos existe meramente como um conceito baseado em seus próprios agregados, e ele se aplica às partes que compõem esses agregados.

De acordo com as escolas filosóficas dos degraus mais baixos de nossa escada, o reconhecimento da própria falta de autossuficiência substancialmente existente é tudo o que se faz necessário para alcançar a libertação da existência cíclica. A conquista suprema da budeidade, entretanto, exige o reconhecimento da visão de que todos os fenômenos – inclusive nós mesmos – são desprovidos de eu. De acordo com a visão proposta pelo Buda Shakyamuni em seus Sutras da Perfeição da Sabedoria, a escola madhyamika de Nagarjuna afirma que, para nos livrarmos do tormento do *samsara*, precisamos reconhecer uma visão da impessoalidade idêntica à que o bodisatva cultiva em sua busca do estado onisciente da budeidade.

Diz Buda nos Sutras da Perfeição da Sabedoria:

Quem deseja seguir o caminho dos Ouvintes deve treinar a Perfeição da Sabedoria;
Quem deseja seguir o caminho dos Praticantes Solitários deve treinar a Perfeição da Sabedoria;
E quem deseja enveredar pelo caminho dos bodisatvas também deve treinar a Perfeição da Sabedoria.

Os ouvintes e os praticantes solitários obtiveram a libertação do *samsara* de acordo com as aspirações dos hinaianistas. Os bodisatvas aspiram a alcançar a libertação suprema da budeidade. Todos devem treinar a perfeição da sabedoria, no sentido de que devem aperfeiçoar seu reconhecimento da impessoalidade.

Capítulo 4

AS QUATRO VERDADES NOBRES

Para mudar nossa vida, primeiro devemos reconhecer que nossa situação atual não é satisfatória. Qualquer desejo de buscar um caminho espiritual de transformação interna só emerge ao reconhecermos o lastimável estado subjacente em que nos encontramos. Se estivéssemos felizes e satisfeitos com nossa vida, haveria pouca razão para buscarmos mudanças. Assim, Buda ensinou inicialmente a primeira verdade nobre, que é estabelecer o sofrimento como o estado real de nossa existência.

Reconhecer a infausta situação em que nos encontramos leva-nos, naturalmente, a perguntar o que a provocou.

A segunda verdade nobre explica a origem do nosso estado de sofrimento. De acordo com a visão budista, nossa miséria na existência cíclica é causada por nossos sentimentos aflitivos, que nos instigam a nos comportar de maneira egoísta. Nossos atos egocêntricos, por sua vez, provocam nossa infelicidade e a tendência a repetirmos nossa conduta não virtuosa, com isso produzindo mais sofrimento. Essa trágica série de acontecimentos, que se arrasta por muitas vidas e provoca sofrimentos cada vez maiores, é toda causada por nossos atos, que derivam de nos apegarmos a uma ideia de "eu" no cerne do nosso ser. Desse apego ao eu decorre o apreço pelo eu que nos motiva a nos satisfazermos de todas as maneiras possíveis e a nos protegermos de qualquer ameaça a nossa felicidade. Portanto, nosso sofrimento é visto como originário de causas – físicas, verbais e, em particular, atos mentais perpetrados por nós – provenientes de nos apegarmos a um eu nuclear.

Se nós nos apercebêssemos de que esse eu não existe de fato, nosso reconhecimento inibiria naturalmente o comportamento egoísta, e com isso cessaria nossa tendência instintiva a agir de certas maneiras que nos causassem sofrimentos futuros. Na terceira verdade nobre, Buda ensinou que todo sofrimento termina quando promovemos a cessação de suas causas.

Nossa tendência a nos apegarmos a um senso de eu e a valorizar esse eu é um hábito profundamente instilado nas fibras de nosso ser. Promover mudanças nesse tipo de conduta habitual exige um processo de treinamento de muitos anos. Encerrar inteiramente o nosso envolvimento no *samsara* requer numerosas vidas de prática. Na quarta verdade nobre, Buda ensinou como devemos nos engajar no treinamento que conduz à libertação do *samsara*.

Na realidade, Buda ensinou as Quatro Verdades Nobres por três perspectivas diferentes. De início, identificou as verdades individuais, dizendo:

Esta é a verdade do sofrimento;
Estas são as verdadeiras origens (do sofrimento);
Esta é a verdadeira cessação (do sofrimento);
Este é o verdadeiro caminho para a cessação.

No segundo conjunto de afirmações, Buda estabeleceu um sistema pelo qual o conhecimento das Quatro Verdades Nobres pode ser implementado na prática de cada um. Disse ele:

O sofrimento deve ser reconhecido,
Eliminadas as suas origens;
A cessação deve ser realizada,
E o caminho, cultivado.

O terceiro conjunto de afirmações reflete a natureza última das Quatro Verdades Nobres: seu esvaziamento de qualquer existência intrínseca. Uma interpretação mais prática seria que Buda estava apresentando a consequência de nossa implementação das Quatro Verdades Nobres. Ao internalizarmos nosso conhecimento dessas Quatro Verdades Nobres, podemos superar o sofrimento, a ponto de ele não mais existir; podemos eliminar as origens do sofrimento de tal modo que não haja nada a eliminar; podemos realizar a cessação para que não haja cessação; e podemos cultivar o caminho a ponto de já não haver caminho a cultivar. Disse Buda:

Embora o sofrimento deva ser reconhecido, não há sofrimento a reconhecer;
Embora sua origem deva ser superada, não há origem a superar;
Embora a cessação deva ser realizada, não há cessação a realizar;
Embora o caminho deva ser cultivado, não há caminho a cultivar.

Como mencionei, o praticante budista aspira a atingir a libertação da miséria do *samsara* através da eliminação da causa que está em sua raiz: nossa ignorância fundamental da falta de existência intrínseca em tudo aquilo que percebemos. Estamos presos à existência cíclica por essa ignorância, uma vez que ela impulsiona as outras aflições, como o apego, a raiva, o orgulho e a inveja. É essa escravização por nossas aflições que procuramos encerrar.

A cessação de nossa infelicidade é o verdadeiro significado budista do termo sânscrito *darma*. Darma frequentemente denota escrituras que representam a fala de Buda e contêm sua doutrina. Darma também pode referir-se aos fenômenos – a tudo o que existe. Todavia, o significado mais importante do termo é "libertação de todo o sofrimento". Nossa busca desse estado pacífico do nirvana é uma busca de proteção contra o sofrimento do *samsara* e, em particular, contra aflições como o apego e a aversão, que nos prendem

AS QUATRO VERDADES NOBRES

ao círculo vicioso de renascimentos. Por isso, quando "nos refugiamos no darma", na condição de budistas, nós o fazemos buscando proteger-nos de nossas agruras deploráveis. O darma, portanto, é visto como representando o nirvana, o estado de libertação do sofrimento do *samsara*. O nirvana em si é a cessação do sofrimento.

Capítulo 5

O PAPEL DO CARMA

O que faz com que os fenômenos mentais e físicos sejam transitórios e sujeitos à mudança? Tudo o que se compõe de partes físicas ou temporais é naturalmente transitório. De modo similar, a relação entre as causas e seus efeitos é natural. As coisas simplesmente são assim. O fato de a consciência ter uma característica de clareza e saber, ou de as formas e cores serem visíveis, não é resultado do carma: é uma característica natural da mecânica das causas e condições e da originação dependente.

No mundo da originação dependente, existem causas e condições que se relacionam com nossa experiência de dor e prazer. Elas provêm do carma. Corretamente traduzido por "ação", carma refere-se ao ato que praticamos intencionalmente. A qualidade de nossa intenção – que é em si uma ação mental ou carma – determina a qualidade da ação física que ela motiva, com isso estabelecendo a qualidade da experiência resultante de prazer ou dor que vivenciamos. O papel do carma, portanto, é compreendido em relação a nossa experiência de sofrimento e felicidade.

Assim como experimentamos naturalmente sensações de dor e prazer, temos uma sensação inata de um "eu" pelo qual nutrimos afeição instintivamente. É por causa da afeição que temos por nós mesmos que sentimos estima e amor por aqueles que nos cercam; nossa afeição por nós mesmos é a fonte da compaixão que sentimos pelos outros. Como seres humanos nascidos de um ventre, somos naturalmente ligados a nossas mães, de cujo leite sobrevivemos e por cujos cuidados somos sustentados. Nossa afeição pela mãe é uma extensão de nossa afeição por nós mesmos. Esse amor tem uma base biológica, pois nossa sobrevivência depende dele. O laço íntimo entre mãe e filho não é algo imposto pela sociedade – é espontâneo. Sua intensidade não é algo que necessite ser desenvolvido, pois a mãe extrai alegria de sua dedicação abnegada ao filho.

Outros sentimentos também nos ajudam a sobreviver. O apego é o sentimento primário, por provocar as condições que facultam nossa sobrevivência, porém os sentimentos de raiva e medo também desempenham um papel importante. Certa vez, um cientista me disse que os músculos de nossos braços ficam mais fortes quando nos enraivecemos, o que nos permite alcançar fisicamente o objetivo de nossa raiva. O medo, disse-me ele, faz com que o sangue flua para os músculos de nossas pernas, permitindo-nos fugir.

Assim como o amor entre a mãe e seu filho é misturado com o apego, o mesmo se dá com o amor que sentimos pelas pessoas que nos são mais próximas. Entretanto, o simples fato de tais sentimentos terem um componente de egoísmo não significa que não possam servir de semente a partir da qual se desenvolve a compaixão por todos os seres sencientes. Em outras palavras, o *ego*ísmo pode ser necessário à sobrevivência, porém o mesmo se dá com o *altr*uísmo. Devemos contemplar os benefícios do amor e da compaixão altruístas para nossa saúde física e nossa felicidade mental. Devemos também reconhecer que essa atitude altruísta nos ajuda a alimentar um ambiente doméstico mais feliz, do mesmo modo que contribui para uma sociedade mais sadia e mais estável. É por meio dessa contemplação que nossa apreciação do valor da compaixão fortalece e amplia sua esfera, a fim de que ela abarque cada vez mais seres.

Também aprofundamos nossa compaixão ao considerarmos níveis de sofrimento cada vez mais sutis. Inicialmente, desejamos que os seres sencientes se libertem da evidente dor física e afetiva a que chamamos "sofrimento do sofrimento". Devemos também desejar que eles sejam afastados do sofrimento da mudança – daqueles momentos felizes que terminam e provocam sofrimento. Ainda mais profundo é o desejo de que todos os seres sencientes se libertem do sofrimento generalizado de nossa existência condicionada no *samsara*.

Nossa compaixão também se intensifica ao ser combinada com o reconhecimento de que o sofrimento é resultado de nossos estados mentais aflitos e do carma ou dos atos que eles provocam, tudo isso enraizado na ignorância fundamental do nosso apego a uma ideia de eu. Com essa compreensão da impessoalidade, do não eu, percebemos que essa ignorância fundamental pode ser retificada e que, com isso, a causa do sofrimento pode ser extirpada. A consciência de que o sofrimento dos seres sencientes pode ser encerrado intensifica enormemente a nossa compaixão por eles, transformando-a de mera piedade no engajamento ativo em uma meta atingível. Essa é a abordagem do praticante dotado de perspicácia. Ela leva ao reconhecimento de que há validade no caminho de compaixão pelo qual enveredamos, pois seu objetivo é alcançável.

SOFRIMENTO E FELICIDADE

Cada um de nós está no centro de seu universo. Estabelecemos o leste, o oeste, o norte e o sul, bem como o acima e o abaixo, todos em relação a nossa localização pessoal. O eu pode ser visto como a estrutura fundamental pela qual compreendemos e nos relacionamos com a totalidade da existência.

O sofrimento, no qual podemos pensar como nosso *samsara* individual, e a felicidade, que é nossa libertação desse sofrimento, provêm, em última instância, de nossa ideia do eu. Meu sofrimento resulta de eu me entregar a um comportamento egocêntrico, e esse comportamento me impele a agir de maneiras que me causam mais sofrimento. Pareço girar em círculos no ciclo dos renascimentos que constituem meu *samsara*. Minha busca da felicidade decorre de meu desejo de me libertar do sofrimento.

Todo o *samsara* e o nirvana podem ser vistos em relação a nossa concepção individual do eu. Os ensinamentos de Buda sobre o sofrimento, suas causas, o estado de cessação do sofrimento e o caminho que leva a esse estado de cessação, todos devem ser considerados do ponto de vista do indivíduo, que, ao reconhecer seu estado de sofrimento, reconhece as causas desse sofrimento e trabalha para pôr fim a ele, seguindo o caminho para essa cessação. De modo similar, as práticas religiosas de todas as tradições de fé só fazem sentido ao serem relacionadas com o indivíduo engajado na prática.

Buda afirmou que a ideia "eu sou" é a mente de um demônio. É que nossa ideia equivocada de nós mesmos causa a autovalorização que está na raiz de toda a nossa miséria. Buda também ensinou que somos nossos próprios mestres. Ainda que nossa situação atual no *samsara* possa ser resultante de nosso carma passado, motivado por aflições, temos a possibilidade de gerar um novo carma virtuoso, sob a forma de ações de motivação altruísta. Nosso futuro está em nossas mãos.

Capítulo 6

A IDENTIFICAÇÃO DO EU

O sofrimento e a felicidade que cada um de nós vivencia são reflexos do nível de distorção ou de clareza com que vemos a nós mesmos e ao mundo. Conhecer e experimentar corretamente a natureza do eu equivale a experimentar o nirvana. Conhecer a natureza do eu de maneira distorcida é experimentar o *samsara*. Por isso, é imperativo que nos dediquemos a estabelecer qual é a natureza exata do eu!

No *Pramanavartika* (Exposição da Cognição Válida), Dharmakirti afirma:

Quando há apego ao eu,
Surge o discernimento entre o eu e os outros;
Seguem-se então sentimentos e aflições.

Ao observarmos nossas percepções e pensamentos, notamos que a ideia de eu surge com muita naturalidade em nós. Pensamos, instintivamente, "Eu estou me levantando" ou "Eu vou sair". Será que essa ideia do "eu" é errada? Creio que não. O fato de que existimos como indivíduos é inegável. Isso é afirmado por nossa própria experiência, ao tentarmos ser felizes e superar dificuldades, e – como budistas – ao trabalharmos para atingir a budeidade, em benefício de nós mesmos e dos outros. A despeito de como possa ser difícil identificar exatamente o que vem a ser esse eu, há algo a que a ideia "eu sou" se refere: existe um "eu" que "é". E é desse "eu" que brotam nossos sentimentos intuitivos do eu.

Era exatamente esse eu – um atmã independente dos vários componentes que constituem a personalidade – que os antigos filósofos indianos propunham. Eles subscreviam a ideia do renascimento, havendo alguns adeptos capazes de recordar experiências de vidas passadas. De que outro modo, eles perguntavam, seria possível explicar a continuidade de um eu individual por diversas vidas, dado que os aspectos físicos desse eu só passavam a existir na concepção de cada vida? Assim, eles propunham um eu capaz de continuar através de diferentes vidas, ao mesmo tempo permanecendo independente da existência física durante vidas individuais.

O conceito de eu que eles propunham era singular, ao passo que as partes mentais e físicas de que nos compomos são numerosas. O eu era tido como permanente e imutável, enquanto essas partes são impermanentes e estão sempre mudando. Esse eu nuclear era visto como independente e autônomo, enquanto suas partes mais externas dependeriam de influências externas. Portanto, esses antigos filósofos postulavam um atmã que seria distinto e independente das partes mentais e físicas que nos compõem.

Buda ofereceu um desvio radical dessa visão, propondo que o eu existe meramente na dependência de suas partes mentais e físicas. Assim como não pode haver carro de boi livre das partes que o compõem, explicou Buda, não pode haver eu que exista independentemente dos agregados que compõem uma pessoa.

Buda ensinou que postular um eu unitário, imutável, permanente e autônomo, independente dos agregados que compõem a pessoa, introduziria algo que não existe e, desse modo, reforçaria nosso sentimento instintivo de eu. Por isso, Buda propôs a ideia da impessoalidade ou não eu – anatmã.

O EU EXISTENTE E O EU INEXISTENTE

É essencial estabelecermos uma distinção entre o eu que existe convencionalmente e o eu que inexiste por completo, pois é nosso apego ao eu inexistente que constitui a fonte de todo sofrimento.

Os iogues – meditadores – budistas que se engajam na profunda meditação analítica sobre a existência do eu concentram sua análise em sua experiência do "si mesmo" como um eu intrinsecamente real e independente, cuja existência sua investigação meditativa acaba por negar. Assim, eles fazem uma clara distinção entre o eu convencional, que é objeto de nossa reificação, e o eu reificado, que deve ser negado.

Em nossas intuições normais do dia a dia, temos um sentimento natural e legítimo do eu que pensa: "Eu estou cultivando a bodicita" ou "Estou meditando sobre a impessoalidade". Surge um problema quando essa ideia de eu é extrema demais e começamos a pensar nesse eu como independente e autônomo – como *real*. Uma vez que nos apeguemos a essa ideia, começamos a nos sentir com razão para estabelecer uma distinção nítida entre nós e os outros. Como resultado, há uma tendência natural a vermos os outros como pessoas sem nenhuma relação conosco, quase como objetos a serem explorados por esse "eu" real e concreto. Desse apego intenso a um eu que percebemos falsamente como uma realidade sólida e identificável surgem os apegos, igualmente intensos, que desenvolvemos por nossas posses, nossas casas, nossos amigos e nossa família.

Através da investigação analítica meditativa, podemos vir a reconhecer que, na raiz das aflições que vivenciamos, encontra-se o nosso apego forte, mas equivocado, àquilo que percebemos como nosso eu intrinsecamente real. Do ponto de vista budista, essa ideia de eu é natural e também inata. Na verdade, os budistas diriam que o eu unitário, eterno e autônomo postulado pelos filósofos não budistas é um simples constructo conceitual, ao passo que o sentimento de eu que possuímos em caráter inato é natural até nos animais. Se examinarmos a dinâmica do nosso senso natural do eu, veremos que ele se assemelha a um governante dirigindo seus súditos – nossas partes físicas e mentais. Temos a impressão de que, acima e além dos agregados do corpo e da mente, existe algo em que pensamos como "eu" e de que os agregados físicos e mentais são dependentes de "mim", ao passo que "eu" sou autônomo. Apesar de natural, nossa ideia de eu é equivocada e, em nossa busca de libertação dos sofrimentos causados por nosso apego ao eu, devemos mudar nossa percepção de nós mesmos.

NOSSO SENSO DE EU

Enquanto nos apegarmos a uma ideia de existência objetiva – à ideia de que realmente existe algo, de maneira concreta e identificável –, daí decorrerão sentimentos como o desejo e a aversão. Ao vermos algo que nos agrada – um bonito relógio, por exemplo –, nós o percebemos como possuidor de uma qualidade real de existência entre suas partes. Não vemos o relógio como uma coleção de partes, mas como uma entidade existente, dotada de uma qualidade específica de "relogice". E, quando se trata de um belo aparelho mecânico, nossa percepção é acentuada por qualidades percebidas como definitivamente existentes como parte da natureza do relógio. É em decorrência dessa percepção equivocada do relógio que surge nosso desejo de possuí-lo. Do mesmo modo, nossa aversão a alguém de quem não gostamos surge como resultado de lhe atribuirmos qualidades negativas intrínsecas.

Quando relacionamos esse processo ao modo como vivenciamos nosso senso de existência – ao modo como surge a ideia de "eu" ou de "eu sou" –, notamos que ele se dá, invariavelmente, em relação a algum aspecto de nossos agregados físicos ou mentais. Nossa ideia de nós mesmos baseia-se em um sentimento de nosso eu físico e afetivo. Além disso, sentimos que esses aspectos físicos e mentais de nós mesmos têm existência intrínseca. Meu corpo não é algo de cuja especificidade eu duvide. Há nele uma corporeidade e uma "eu-ice" que evidentemente existem. Isso parece ser uma base natural para eu identificar meu corpo como "eu". Nossos sentimentos, como o medo, são igualmente vivenciados como tendo existência válida e sendo bases naturais para nos identificarmos como "eu". Nossos amores e ódios servem para aprofundar o sentimento do eu. Até a mera sensação de "Estou com frio" contribui para nosso sentimento de sermos um sólido e legítimo "eu".

A NEGAÇÃO DO EU

Todos os budistas advogam o cultivo de um discernimento da ausência – ou vazio – do eu. De acordo com os filósofos hinaianas, trabalhamos para reconhecer a ausência de um eu autossuficiente e substancialmente real. Segundo eles, ao desenvolvermos a percepção de nosso não eu pessoal, através da meditação profunda por um longo período – meses, anos, talvez até vidas –, podemos atingir a libertação do ciclo sem começo formado por vida, morte e renascimento. Examinaremos melhor essas ideias no capítulo seguinte.

Nagarjuna, o pioneiro maaiana que criou a escola do Caminho do Meio, sugere que, enquanto acharmos que nossas partes ou agregados têm uma existência natural legítima, não conseguiremos eliminar por completo nosso apego à ideia de eu. Esses agregados são compostos de partes e experiências mentais menores, nas quais nos baseamos. Nagarjuna diz que, para chegarmos a uma percepção profunda da impessoalidade ou não eu da pessoa – isto é, de nós mesmos –, devemos desenvolver a mesma percepção da impessoalidade dos fenômenos – das partes de que somos compostos. Ele afirma que, no tocante àquilo que tem de ser negado – a existência intrínseca de nosso eu e dos fenômenos –, ocorre a mesma coisa. Com efeito, nosso discernimento de uma coisa complementa e reforça nosso discernimento da outra.

A verdadeira compreensão da vacuidade de qualquer existência intrínseca deve tocar na própria maneira pela qual, de modo intuitivo e instintivo, percebemos as coisas. Por exemplo, ao dizermos "esta forma", "este objeto material", temos a impressão de que nossa percepção do objeto físico diante de nós é verdadeira, como se houvesse algo a que se referisse a expressão "objeto material", e como se a percepção que temos representasse, de algum modo, o que está efetivamente ali, diante de nós. A compreensão correta do vazio deve chegar a um nível de percepção em que já não nos apeguemos a nenhuma ideia de realidade objetiva intrínseca.

Nagarjuna enfatiza que, enquanto atribuirmos realidade objetiva ao mundo que nos cerca, alimentaremos uma multiplicidade de ideias e sentimentos, como apego, hostilidade e raiva. Para Nagarjuna, a compreensão da impessoalidade a que chegam as escolas filosóficas budistas inferiores não é a consumação dos ensinamentos de Buda sobre o não eu, porque persiste um vestígio de apego a uma ideia de realidade intrinsecamente existente, independente e objetiva. Portanto, é através do cultivo do discernimento desse significado extremamente sutil do vazio – o vazio em termos de uma ausência de existência intrínseca – que podemos erradicar a ignorância fundamental que nos prende ao *samsara*.

O VAZIO DO EU

Em seu livro *Em louvor ao dharmadhatu* (Em louvor à suprema expansão), Nagarjuna afirma:

As meditações sobre a impermanência
E a superação do apego à permanência,
Todos são elementos do treinamento mental.
Contudo, a suprema purificação da mente
É alcançada por meio do discernimento do vazio.

Nagarjuna define o vazio como ausência de existência intrínseca.

No Sutra do Coração, Buda faz sua conhecida e enigmática afirmação:

A forma é vazio, o vazio é forma.

Há uma apresentação mais clara dessa afirmação concisa no Sutra da Perfeição da Sabedoria em Vinte e Cinco Mil Versos, em que Buda diz:

A IDENTIFICAÇÃO DO EU

A forma não é esvaziada de vazio;
A forma em si é esse vazio.

No primeiro verso, Buda explicita que aquilo que se nega em relação à forma não é outra coisa senão sua existência intrínseca. No segundo, ele estabelece a forma convencional, que existe graças a seu vazio de existência intrínseca. O que aparece ao negarmos a existência intrínseca da forma é a forma. A inexistência – ou vazio – de qualquer qualidade intrínseca da forma é aquilo que permite a ela existir.

Buda assinalou que, sem o conhecimento do vazio da existência intrínseca do eu, não há possibilidade de alcançarmos a libertação de nossa situação de miséria. Nem o mais profundo estado meditativo de absorção concentrada, livre de todas as distrações da experiência sensorial, consegue desfazer o apego à ideia de eu. Mais cedo ou mais tarde, esse apego serve de base para nossa experiência de aflições. Tais aflições levam a atos que provocam mais atos, o que resulta em nossa experiência de sofrimento na existência cíclica.

No entanto, se não tivéssemos um senso de eu, não haveria base para a ocorrência de apego ou aversão. O apego surge em resposta à percepção de que algo é atraente. Para que uma coisa seja desejável, é preciso haver alguém para quem ela o seja, visto que um objeto, por si só, não seria atraente. Somente quando algo é atraente para mim é que eu o desejo. Do mesmo modo, quando algo é percebido como desprovido de atração, a aversão surge e pode se transformar em raiva, e até em hostilidade. Todos esses sentimentos fortes se devem, inicialmente, a um "eu" que vivencia a percepção dos atrativos ou a falta de atrativos de um objeto.

Visto que nossa experiência com aflições como o desejo ou a aversão, o orgulho ou a inveja deve-se ao fato de as coisas serem atraentes ou repulsivas para nós, uma vez retirada a ideia desse eu independente, não há possibilidade de surgimento dessas aflições. Todavia, se não negarmos a ideia equivocada do "eu", independentemente da profundidade de nossa meditação, acabarão surgindo em nós aflições que levarão ao nosso sofrimento.

Buda ensinou muitas práticas por meio das quais a felicidade pode aumentar em nossa vida, tais como agirmos com generosidade para com os outros e nos alegrarmos por suas virtudes. Mas assim como essas práticas não se opõem diretamente ao nosso apego distorcido a uma ideia de eu, as qualidades geradas por elas não podem nos fornecer o estado supremo de felicidade: a libertação de todo e qualquer sofrimento. Somente a percepção da impessoalidade, com seu antídoto direto ao nosso apego ignorante ao eu, é capaz de alcançá-lo.

É essencial penetrarmos na natureza dos fenômenos por meio de estudos profundos e de uma análise crítica. Isso nos levará a reconhecer a ausência de qualquer eu identificável e independente em todos os fenômenos. Se, então, cultivarmos nosso reconhecimento da impessoalidade na meditação, acabaremos alcançando a verdadeira libertação – o nirvana.

A IDENTIFICAÇÃO DO EU

O *CONTINUUM* DO MERO EU

Examinemos os elementos de que o eu depende para existir. Quando nos identificamos como seres humanos, nossa identidade depende de nosso corpo humano e de nossa mente humana. Esse *continuum* do "eu", composto por uma série de momentos de "mim mesmo", começa no nascimento ou na concepção e termina na morte.

Se não nos identificássemos como seres humanos, mas simplesmente como "eu" ou "mero eu", será que esse eu teria começo ou fim? Quando olhamos para o passado e pensamos "Quando eu era pequeno...", "Quando fiquei adulto..." ou "Quando cheguei à meia-idade...", nós nos identificamos pessoalmente com cada etapa, ao mesmo tempo que também nos identificamos com o *continuum* que abarca todas as etapas de nossa vida. Com muita naturalidade, conseguimos deslocar nosso sentimento de eu do presente para o passado e para a totalidade das etapas que compõem uma vida. Será possível que esse "mero eu" também possa se estender além dos limites desta vida?

Entre a mente e o corpo, é sobretudo com nossa mente ou consciência que nos identificamos como esse "mero eu". Nossa mente é transitória, existe momentaneamente, e cada momento da consciência afeta o seguinte. Por isso, nossos pensamentos e ideias evoluem no tempo, assim como nossas emoções. A mudança existe igualmente no mundo das coisas sólidas. Talvez a majestosa cordilheira do Himalaia pareça ter permanente solidez, mas, ao examinarmos essas montanhas num período de milhões de anos, podemos detectar mudanças. Para que tais mudanças ocorram, é preciso haver mudanças em intervalos temporais de uma centena de anos. Essas mudanças exigiriam outras ano a ano, que, por sua vez, dependeriam de mudanças ocorridas em bases mensais; estas dependeriam de acúmulos de transformação cada vez menores, ocorridos de minuto a minuto, de segundo a segundo, e até em intervalos menores. São essas minúsculas mudanças momentâneas que formam a base da mudança mais notável.

A natureza da mudança de momento a momento é uma qualidade que resulta da produção de algo; não é necessária nenhuma outra causa para acarretá-la.

Há algumas causas que cessam depois de ocorrido o seu efeito. Elas transformam-se em seus efeitos, como uma semente se transforma em um broto. A semente é a causa substancial do broto que a sucede. Existem outras causas e condições que servem de fatores contributivos para causar um efeito, como a água, o fertilizante e a luz solar, que contribuem para o brotamento de uma semente. Tomemos nosso corpo humano como exemplo; podemos levantar o *continuum* de momentos que faz nosso corpo humano atual remontar ao começo desta vida, ao momento da concepção. Esse momento é chamado "aquilo que está se tornando humano".

O *continuum* do nosso corpo físico atual pode ser rastreado até essa causa substancial – o momento de sua concepção. Esse momento, por sua vez, pode remontar, instante a instante, aos primórdios do Universo e da matéria sutil que existia naquela época. Do ponto de vista budista, o *continuum* das causas substanciais que precedem nossa concepção pode ser rastreado até antes do Big Bang, até a época em que o Universo era um vazio. Na verdade, se seguirmos a linha de raciocínio pela qual levantamos retrospectivamente nosso *continuum* até antes do Big Bang, teremos de reconhecer que não poderia haver um momento inicial do *continuum* de causas substanciais de nenhum fenômeno condicionado.

Assim como as coisas materiais possuem suas causas substanciais e condições contributivas, os fenômenos mentais também as possuem. Nossos sentimentos, pensamentos e emoções, os quais compõem nossa consciência, têm causas substanciais que se transformam em momentos particulares de cognição e fatores contributivos, que podem ser de ordem física ou mental.

As características primordiais de nossa consciência são sua lucidez e seu conhecimento. A qualidade do conhecimento puro e luminoso não pode ser produto apenas de uma condição física. Pela compreensão budista da causalidade, uma causa substancial deve ser substancialmente proporcional a seu efeito. Assim, um fenômeno físico não poderia servir de causa substancial de um momento de consciência, visto que a natureza da lucidez e do conhecimento não é física.

Examinemos o processo da percepção consciente. Ao vermos uma árvore, experimentamos uma percepção mental da árvore diante de nós. A árvore e nosso olho físico servem de condições contributivas para nossa experiência consciente da árvore. A causa substancial dessa experiência mental da árvore é nossa condição imediatamente anterior de lucidez e conhecimento. É esse momento anterior de consciência que confere o caráter de clareza – de *conhecimento* puro – à nossa experiência visual da árvore. Cada momento de lucidez e conhecimento no *continuum* da nossa consciência é causado por um momento precedente de lucidez e conhecimento. A causa substancial de um momento de consciência não pode ser algo que tenha uma qualidade substancial diferente da lucidez e do conhecimento.

Se o *continuum* de nossa mente teve um momento inicial, ele provavelmente teve de brotar de causa nenhuma, ou de uma causa que não era substancialmente proporcional à natureza da própria mente. Como nenhuma dessas possibilidades é aceitável, entende-se que o *continuum* da consciência não tem começo. É assim que explicamos as vidas passadas e a reencarnação, dado que o *continuum* de momentos de consciência de cada um de nós deve estender-se ao passado por infinitos momentos. E, assim como o *continuum* da consciência não tem começo, a identidade do eu designado por esse *continuum* é desprovida de começo. Isso é corroborado pelos muitos casos de pessoas que se recordam de experiências de suas vidas passadas.

E o que dizer de um fim da consciência? Algumas escolas budistas do passado sustentavam que, ao atingir o estado do nirvana, o *continuum* da existência mental e física da pessoa cessava. Entretanto, uma consequência absurda dessa visão é que não restaria ninguém para experimentar o estado de nirvana. Os exemplos individuais de consciência que experimentamos ao longo da vida – percepções de tudo o que vemos e sentimos, bem como os processos de pensamento em que nos engajamos – cessam quando nosso ser físico expira, por ocasião da morte. Contudo, nossa característica fundamental de lucidez e conhecimento – a natureza essencial do conhecimento – não termina na morte; seu *continuum* é incessante.

Há também um corpo físico muito sutil, mencionado nos ensinamentos vajraianas ou tântricos de Buda, que age como base para nossa consciência mais sutil. Assim como o *continuum* de nossa consciência sutil não tem começo nem fim, o *continuum* desse aspecto físico mais sutil do eu também é sem começo nem fim.

Parece-me bela a ideia de não haver começo nem fim no *continuum* do eu. Se houvesse um fim do eu, haveria uma aniquilação total, uma completa escuridão. Para quem anseia desesperadamente por fugir dos tormentos da vida cometendo suicídio, talvez esse fim pareça desejável. Entretanto, creio que a maioria de nós prefere a ideia da continuidade, visto que ela sugere uma plenitude de nossas experiências e emoções.

Capítulo 7

A VISÃO DA ESCOLA HINAIANA

A vaibashika, ou Grande Exposição, é a primeira das quatro escolas filosóficas budistas e tem dezoito subescolas, algumas das quais parecem propor um eu. Entretanto, os adeptos da vaibashika têm o cuidado de afirmar que o eu que eles defendem não é eterno, unitário nem autônomo. É por essa ressalva que eles são considerados budistas.

Segundo os vaibashikas, o Buda Shakyamuni passou três éons incalculáveis como bodisatva, trabalhando pela consecução da iluminação plena em prol de todos os seres. Iniciou sua última vida como bodisatva e atingiu a budeidade quando meditava sob a figueira-dos-pagodes em Bodh

Gaya. Na ocasião de sua morte, o *continuum* da existência do Buda se extinguiu como uma chama quando se esgota o combustível.

Os estudiosos maaianas concordam com os vaibashikas em que os antídotos contra nossos poluentes mentais, como o apego e a aversão, existem e nos facultam acabar com eles. Mas eles negam que exista um antídoto contra o *continuum* efetivo da consciência. Por isso, consideram ilógico que, com a morte de Buda, a própria consciência dele pudesse cessar. Além disso, seria irracional um bodisatva passar por um treinamento tão extraordinário durante éons inteiros, se essa conquista viesse a durar apenas alguns poucos anos.

Os vaibashikas identificam as duas verdades – a convencional e a última – de maneira bem diferente do que fazem as outras escolas. Eles definem as verdades convencionais como fenômenos que deixam de ser identificáveis quando são física ou mentalmente decompostos em partes. Quanto às verdades últimas, eles as definem como os fenômenos que permanecem reconhecíveis, independentemente de serem física ou mentalmente separados em partes. Um jarro de vidro seria um exemplo de verdade convencional, pois, se viesse a cair e a se quebrar, não mais o identificaríamos como um jarro de vidro. Uma partícula desprovida de partes, do tipo postulado pelos vaibashikas, sendo indivisível por definição, constituiria um exemplo de verdade última. Essa divisão das duas verdades difere enormemente da compreensão madhyamika de que os fenômenos subsistem como verdades convencionais, ao passo que seu vazio de existência intrínseca é sua natureza

A VISÃO DA ESCOLA HINAIANA

última. Enquanto, para os vaibashikas, as duas verdades têm identidades distintas, os filósofos madhyamikas as consideram aspectos diferentes da mesma entidade.

Os sautrantikas, que pertencem à segunda das escolas hinaianas, recebem esse nome devido à sua confiança primordial nos sutras, os ensinamentos efetivos do Buda. Também dividem todos os fenômenos em convencionais e últimos, usando um critério diferente do de outras escolas budistas. Para eles, o fator norteador é se algo tem ou não a capacidade de afetar uma função. Qualquer coisa capaz de causar um momento futuro de existência é uma verdade última. A mesa diante de mim e minha consciência visual dela são verdades últimas, já que cada momento de existência da mesa e de minha apreensão visual dela causa o momento seguinte de existência. Os fenômenos que residem em nossa mente – objetos do pensamento, como a imagem mental de uma mesa, quando penso em uma – não estão aptos a exercer funções e não existem de momento para momento; por isso, são verdades convencionais.

Enquanto todas as outras escolas afirmam que a causa, naturalmente, deve preceder o efeito, os vaibashikas dizem que certas causas existem simultaneamente a seus efeitos. Um exemplo seria a apreensão de uma flor pela consciência através dos olhos e a sensação de prazer que acompanha essa visão. Os sautrantikas, ladeando as escolas budistas maaianas, rejeitam a ideia de que a mente que vê a flor possa ser a causa de sua sensação de prazer concomitante, pois a experiência de prazer seguiria necessariamente a percepção inicial da flor.

◆

Os vaibashikas afirmam que, quando ocorrem percepções sensoriais, não há nenhum aspecto mediador, mas sim um espelhamento direto do objeto. Como as outras escolas budistas, os sautrantikas sustentam que, quando surgem percepções sensoriais, experimenta-se uma similitude ou um aspecto mediador. Isso parece assemelhar-se à compreensão científica atual.

Essa é apenas uma breve visão geral das duas escolas de filosofia hinaiana. Espero que os leitores as explorem mais detidamente, pois nossa compreensão dos degraus inferiores de nossa escada trará um grande benefício para nossa compreensão dos dogmas filosóficos mais sutis que se encontram nas escolas maaianas dos degraus superiores.

Capítulo 8

A VISÃO DA ESCOLA CITTAMATRA

A escola cittamatra, ou Apenas a Mente, é a primeira das escolas maaianas, ou do veículo maior. Seu nome reflete a ideia de que os fenômenos são uma só entidade com a mente que os percebe. Afirma-se que, ao vermos uma mesa, a mesa que percebemos tem a mesma natureza da nossa mente que a percebe.

Como isso funciona na prática? Para os filósofos da escola Apenas a Mente, as mesas e cadeiras, os odores e sons que experimento passam a existir como resultado de minhas ações passadas, meu carma, que causa a predisposição ou potencial para eu experimentar essas coisas. Meu carma virtuoso do passado instiga experiências prazerosas, doces aromas e sons encantadores, ao passo que minha falta de virtude acarreta os desagradáveis. Se você e eu porventura compartilharmos o prazer de uma flor de doce fragrância, essa experiência comum virá do fato de cada um de nós ter predisposição para vivenciar a visão encantadora e o doce aroma da flor, como resultado de nossos atos ou carmas individuais do passado. Mas as flores que cada um de nós experimenta, embora pareçam ser a mesma flor, são tidas como distintas, uma vez que são manifestações de nossos carmas distintos.

Visto que os filósofos da escola Apenas a Mente concordam em que a causa deve preceder seu efeito, eles afirmam que a flor não funciona como uma causa para a consciência do olho que a experimenta, como afirmariam outras escolas budistas. Ao contrário, sendo ela a mesma entidade que a consciência que a apreende, a flor existe simultaneamente a essa consciência.

Essa compreensão cittamatra de como a flor existe não diminui a solidez da flor. A posição da escola é de que, embora a flor não tenha existência independente de minha experiência dela, ela deve existir verdadeira e intrinsecamente, a fim de poder existir de todo.

De acordo com a visão dessa escola, as coisas não existem independentemente da experiência mental que temos delas. Dado que se manifestam como resultado de merecermos experimentá-las, elas não têm base para existir separadamente de como as vivenciamos. Em nossa ignorância, entretanto, nós as percebemos erroneamente como dotadas de existência independente de nossas percepções, como se tivessem vida independente. Como essa percepção da separação entre sujeito e objeto é considerada errônea pelos filósofos cittamatras, o objetivo do praticante ou iogue da escola Apenas a Mente é eliminá-la.

Buda ensinou que os fenômenos podem dividir-se em três naturezas: as dos dependentes, as dos imputados e as dos perfeitamente estabelecidos. Os filósofos da escola cittamatra explicam as naturezas dependentes como coisas impermanentes, a exemplo de mesas e cadeiras. Sua existência independente de uma consciência que as apreenda é tida como sua natureza imputada, ao passo que a falta dessa existência independente é sua natureza inteiramente estabelecida. Segundo a escola Apenas a Mente, a natureza imputada de nossas mesas e cadeiras não existe de fato. O reconhecimento dessa inexistência é o que os iogues cittamatras buscam em sua meditação.

Outro aspecto da natureza perfeitamente estabelecida das coisas é que os nomes e rótulos não se referem naturalmente a elas. As mesas e cadeiras parecem ser as bases naturais para receber os nomes de mesas e cadeiras. Parecem possuir essa qualidade por seu próprio caráter, independentemente de como as denominemos. Os filósofos cittamatras assinalam que, se fosse assim, o nome "mesa" se aplicaria à mesa antes de ela ser denominada "mesa", e nenhuma outra coisa poderia ser chamada assim.

Ao olharmos para uma garrafa, temos a impressão de que ela possui o critério inato para ser chamada "garrafa". Não sentimos que o nome "garrafa" seja um mero rótulo convenientemente dado ao objeto. Para nós, é como se houvesse uma relação natural entre a garrafa e seu nome, como se esse objeto passasse a existir com a qualidade de ser o referente natural do termo "garrafa". Se assim o fosse, perguntam os filósofos da escola Apenas a Mente, como determinado objeto – uma garrafa, por exemplo – poderia, algum dia, possuir mais do que esse único nome natural? E como muitos objetos poderiam ter o mesmo nome?

Diz-se que o reconhecimento de que os fenômenos não são os referentes naturais dos nomes equivale ao reconhecimento da não separação entre os objetos e as mentes que os percebem.

Convém notar que há naturezas imputadas existentes, como os fenômenos permanentes, que incluiriam o conceito de espaço, e há naturezas inexistentes, como o filho de uma mulher infértil. Mas eles não são de interesse para os iogues que tentam se libertar de sua inclinação natural a verem a si mesmos e aos demais fenômenos como independentes da experiência mental que têm deles.

Capítulo 9

O CAMINHO DO MEIO

O Caminho do Meio, citado no nome dessa escola filosófica, é uma posição que evita os dois extremos, o do niilismo e o do absolutismo. O niilismo é uma negação da existência de qualquer realidade, até mesmo da existência convencional. O absolutismo é a crença em qualquer existência verdadeira, substancial ou independente. A rejeição desses dois extremos pressupõe uma postura que afirma que tudo o que existe tem uma origem dependente.

As coisas são vistas como dependentes de suas causas, a exemplo de como uma panela de barro depende da argila de que é formada. Do mesmo modo, os fenômenos dependem daquilo que os constitui, assim como a laranja depende de seus gomos e de sua casca, e de como a vasta extensão do espaço depende do espaço em cada direção.

Nagarjuna e seus seguidores madhyamikas rejeitam a ideia de qualquer realidade substancial ou existência verdadeira das coisas e eventos. Negam que as coisas tenham existência independente de nossa apreensão delas. Segundo eles, a cadeira não existe como cadeira de nenhum modo, afora ser identificada como cadeira.

Alguns intérpretes de Nagarjuna afirmam que, embora em última instância os fenômenos possam ser vazios de existência intrínseca, eles devem existir intrinsecamente no nível convencional. Esses autonomistas do Caminho do Meio são assim chamados em função do tipo de sinal lógico que consideram essencial para o iogue que está gerando um reconhecimento inicial do vazio. Alegam que, para uma cadeira estabelecer-se como cadeira, ela tem de existir como tal por seu próprio lado, isto é, deve possuir uma qualidade intrínseca de "cadeirice". Os autonomistas do Caminho do Meio também admitem que, de modo geral, nossas percepções sensoriais não se equivocam a respeito dos objetos que vivenciam, uma vez que, para elas, a aparência da "cadeirice", essa qualidade independentemente estabelecida da cadeira, não é incorreta.

Outro grupo de pensadores da escola madhyamika são os consequencialistas do Caminho do Meio, assim chamados por afirmarem que uma consequência lógica é suficiente para que o iogue reconheça o vazio. Eles rejeitam qualquer noção de realidade intrínseca, até mesmo no nível convencional. A cadeira, dizem, não possui existência intrínseca – nenhuma qualidade de "cadeirice" –, ainda que tal qualidade pareça existir. Assim, os consequencialistas do Caminho do Meio sustentam que não há um só exemplo de nossa consciência convencional que não seja enganado ou distorcido pela aparência de uma realidade intrínseca. Somente o estado mental de equilíbrio meditativo do iogue que reconhece diretamente o vazio é não distorcido, uma vez que, nesse estado, tudo o que aparece para o iogue é o vazio ou a falta de existência intrínseca.

Todos os seguidores de Nagarjuna concordam em que, em nossa maneira normal de ver uma cadeira, ela parece existir intrinsecamente: evidencia-se para nós uma qualidade de "cadeirice". Identificamos com clareza o objeto à nossa frente como uma cadeira. O que os seguidores de Nagarjuna discutem é se essa "cadeirice" efetivamente existe do lado do objeto, estabelecido por meio de seu próprio caráter – em outras palavras, se realmente seria encontrada uma cadeira, caso a procurássemos entre as partes daquilo que identificamos como cadeira diante de nós. Os autonomistas afirmam que, se a cadeira não tivesse existência intrínseca, não haveria cadeira alguma. Para eles, portanto, a aparência da "cadeirice", ou de alguma qualidade inerente à cadeira, não seria uma percepção equivocada desse objeto. Seria, com efeito, uma qualidade essencial para a cadeira existir. Os consequencialistas contrapõem que nada poderia ter existência intrínseca e que, portanto, qualquer aparência de existência intrínseca seria um erro.

Alguns autonomistas do Caminho do Meio explicam a existência convencional das coisas de maneira semelhante aos filósofos da escola Apenas a Mente. Segundo eles, as diversas coisas com as quais interagimos – mesas e cadeiras, amigos e inimigos – são da mesma essência da consciência que os apreende. Assim, a mesa e nossa mente que a percebe têm a mesma essência ou natureza. Entretanto, esses autonomistas do Caminho do Meio divergem dos filósofos da escola cittamatra quanto a saber se a mesa existe verdadeira e substancialmente. Para os autonomistas, se a mesa é da mesma natureza da mente que a apreende, ela não existe como algo verdadeiro ou substancial, ao passo que os filósofos da escola cittamatra afirmam que, se a mesa não existisse substancialmente, não teria como existir. Outros autonomistas sustentam que as coisas existem como parecem existir, separadas – mas não inteiramente independentes – da mente que as apreende.

Todos os seguidores do Caminho do Meio de Nagarjuna concordam em que, em última instância – isto é, para a consciência última que experimenta a verdade última –, as coisas são vazias de qualquer qualidade de existência, uma vez que o vazio da existência intrínseca é tudo o que é vivenciado pela consciência última. O vazio é a verdade última. É ele que o iogue aprecia ao se concentrar no que é supremo.

Para vivenciar essa verdade última, precisamos ir além da nossa maneira convencional de perceber a cadeira diante de nós e analisá-la, buscando a existência de uma cadeira que pudesse independer da percepção que temos dela. Em nossa investigação, peneiramos mentalmente todas as partes que compõem a cadeira – as quatro pernas, o assento, o encosto –, à procura de uma cadeira que exista por si, independentemente dessas partes. Chegamos à conclusão de que não há nada ali que se possa identificar como uma cadeira livre da nossa rotulação mental das suas partes montadas.

O meditador que tiver procurado uma cadeira dotada de existência independente entre as partes voltará, então, sua mente concentrada para a inencontrabilidade dessa cadeira. Ao se concentrar no ponto em que a impossibilidade de encontrá-la é claramente vivenciada, o meditador estará vivenciando o reconhecimento do vazio de uma cadeira realmente existente.

Essa experiência é inicialmente acarretada por um processo de raciocínio lógico, que resulta na inferência do vazio da cadeira que existe de verdade. Essa experiência inferencial do vazio aparece para o iogue em termos conceituais. Todavia, se o iogue permanecer concentrado no vazio inferido, ele acabará tendo uma experiência direta desse vazio da cadeira verdadeiramente existente, vendo-o com a clareza com que vejo as linhas da palma da minha mão. Nesse ponto, afirma-se que a mente que experimenta o vazio e o vazio que é percebido são uma coisa só, como água sendo derramada na água. Já não existe a dualidade sujeito e objeto. O iogue terá atingido um estágio de meditação chamado Caminho da Visão e será denominado Nobre.

Os intérpretes de Nagarjuna concordam em que o nível supremo de consciência – esse estado mental de equilíbrio meditativo – reconhece diretamente o vazio de qualquer verdadeira qualidade substancial da cadeira. A diferença de opinião entre os principais seguidores de Nagarjuna concerne à existência ou à inexistência intrínseca da cadeira. Para os autonomistas, ela precisaria ter essa existência, caso contrário não poderia existir de modo algum. Como existiria sem ter em si certa "cadeirice"? Essa ideia pareceria absurda: uma cadeira sem cadeira? Os consequencialistas dizem que, se de fato a cadeira tivesse existência intrínseca, sua qualidade intrínseca seria identificável e se revelaria, necessariamente, à consciência investigativa do Nobre inteiramente concentrado em procurá-la. A rigor, a consciência investigativa de tal iogue descobre que a "cadeirice" inexiste! Logo, retrucam os consequencialistas, como alguém pode afirmar que uma coisa existe quando sua inexistência é diretamente experimentada no nível mais profundo? Estes últimos intérpretes, portanto, afirmam que todas as nossas percepções comuns dos fenômenos são necessariamente equivocadas, dado que as coisas sempre parecem existir intrinsecamente.

Embora se possa pensar que o vazio experimentado pelo meditador possuiria algum traço de existência objetiva, esse vazio é a mera *inencontrabilidade* de qualquer traço de existência intrínseca – por exemplo, da cadeira. Falta à própria vacuidade qualquer realidade encontrável; também ela se revelaria vazia de existência intrínseca, se fosse o foco da investigação do iogue. Portanto, distinguimos entre o que é testemunhado por essa perspectiva última e o que pode resistir à análise última. O vazio é aquilo que é testemunhado, porém *nada* pode resistir à análise última, nem mesmo o vazio testemunhado pela perspectiva última.

O CAMINHO DO MEIO

COMO EXISTEM AS COISAS?

Se as coisas não existem da maneira como as percebemos existir – dotadas de uma realidade objetiva identificável –, como devemos compreender sua existência? Como é possível que as coisas existam? Como podem funcionar? Se estamos afirmando que a cadeira não existe, intrinsecamente, como explicar sua capacidade de desempenhar a função que ela desempenha, permitindo-nos sentar sobre ela?

Todos os budistas admitem a existência das coisas. Ninguém está negando que nossa cadeira exista para nela nos sentarmos. Os autonomistas do Caminho do Meio, admitindo que as coisas existem intrinsecamente, afirmam que todos os nomes e rótulos devem referir-se a coisas que são substancialmente reais. Quando nos referimos a uma coisa que chamamos de "rosa", deve haver algo que possamos identificar e apontar que seja de fato uma rosa. Do mesmo modo, imputa-se a uma pessoa a combinação de um corpo físico e uma mente humanos. Os autonomistas afirmam que o verdadeiro referente do rótulo "pessoa" deve ser encontrado entre as partes que compõem essa pessoa. Nesse aspecto, alguns autonomistas do Caminho do Meio propõem o *continuum* mental do indivíduo como o verdadeiro referente do termo "pessoa", enquanto outros sugerem uma consciência separada, à qual chamam mente-base-de-tudo.

Os consequencialistas do Caminho do Meio, rejeitando qualquer ideia de existência intrínseca, afirmam que, assim como não se encontra nenhuma cadeira entre suas partes, nem se encontra uma rosa entre suas pétalas, também não se encontra a pessoa entre os aspectos constitutivos de seu corpo e de sua mente. Além disso, cada parte da pessoa, submetida ao mesmo escrutínio, revela-se igualmente inencontrável entre as partes que a compõem. Meu braço, que é feito de ossos, carne, músculos, pele e assim por diante, não pode ser identificado entre suas partes. "Braço" é meramente um nome imputado, na dependência das partes. Meu *continuum* mental, composto de uma série de momentos de consciência, também é um simples rótulo imputado, na dependência de todos esses momentos de consciência. Cada parte mental e física de que me componho é simbolicamente vazia de qualquer existência identificável. Assim, os consequencialistas concluem que nada pode ter existência intrínseca, nem em termos convencionais nem em última instância.

Nossa reação inicial ao reconhecimento de que as coisas não têm existência objetiva ou intrínseca é de surpresa, como é compreensível. Estamos descobrindo que a maneira efetiva de as coisas existirem é muito contrária ao modo como nos relacionamos naturalmente com elas. Todavia, ao aprofundarmos nossa compreensão e nos acostumarmos com a visão correta do mundo, acabamos pensando: "É claro, as coisas não podem possuir existência intrínseca. *Deve* ser dessa maneira que as coisas existem". Se elas de fato possuíssem uma qualidade inerente de existência, essa característica independente seria necessariamente corroborada pela busca que fizéssemos dela. Ao contrário, a investigação revela com clareza a falta de qualquer existência dessa ordem.

Em *A guirlanda preciosa*, Nagarjuna sugere que, assim como uma miragem parece ser água quando vista de longe, mas revela não sê-lo de perto, a mente e o corpo parecem ser o eu, porém provam não sê-lo quando examinados de perto.

Se não soubermos por que Buda ensinou sobre o vazio, entenderemos mal a própria vacuidade. Precisamos reconhecer que nosso apego à existência intrínseca das coisas é a base de aflições como a afeição e a aversão, bem como de todo o sofrimento delas decorrente. Inversamente, ao nos opormos à nossa tendência natural a nos agarrarmos à existência intrínseca, eliminamos a base do sofrimento.

Como nos lembra Shantideva em seu *Guia do estilo de vida do bodisatva*, não são os objetos do mundo que nos cerca que são refutados pelo conceito de vazio; é nossa percepção de que esses objetos possuem existência verdadeira e intrínseca que trabalhamos para invalidar, porque essa forma de apreensão é a causa de todo o nosso sofrimento.

A característica de existência a ser negada, para extirparmos por completo a causa de nosso sofrimento, é da mais sutil natureza. A refutação de um eu unitário, imutável e independente não basta, como não basta a negação de um eu autossuficiente e substancialmente existente. Se não nos opusermos à característica da existência intrínseca, a base de nosso apego ao eu persistirá. Nagarjuna nos diz que "A principal característica do vazio é sua capacidade de dissolver todas as elaborações conceituais". Portanto, é essencial que neguemos qualquer vestígio de realidade objetiva, a fim de desfazermos o funcionamento de nossa ignorância fundamental e, desse modo, eliminarmos a possibilidade das aflições e de seu consequente sofrimento.

É importante notar que a negação dessa qualidade inexistente não implica a existência de coisa alguma em seu lugar. Trata-se de mera negação não afirmadora, comparável à minha declaração de que não há televisão em minha sala. De modo algum estou sugerindo que haja qualquer outra coisa na sala. Da mesma forma, o vazio da existência intrínseca não implica a existência de nenhuma outra qualidade. O vazio refere-se apenas à inexistência da existência intrínseca.

AS AFLIÇÕES

Se examinarmos nossos processos psicológicos, especialmente ao experimentarmos sentimentos intensos, como a afeição ou a raiva, nossa adesão à realidade objetiva das coisas dará origem a um modo distorcido de perceber o mundo. Quando achamos algo atraente, superpomos a esse objeto qualidades de desejabilidade que vão muito além do que se justifica. Nosso sentimento de afeição pelo objeto converte-se, então, em desejo. Do mesmo modo, quando achamos algo pouco atraente, no mesmo instante superpomos a ele uma qualidade exagerada de indesejabilidade. Por sua vez, isso dá origem a uma reação de repulsa ou aversão pelo objeto, a qual culmina em sentimentos como raiva, hostilidade ou ódio. Por trás de nossos complexos sentimentos aflitivos encontra-se nossa maneira distorcida de perceber a qualidade dos objetos, que provém de uma convicção profundamente arraigada de que as coisas e os acontecimentos possuem alguma forma de realidade objetiva e intrínseca. É por isso que é crucial corrigirmos nossa maneira distorcida de ver o mundo.

Como proceder para eliminar essa ilusão fundamental? Não podemos fazê-lo mediante a simples formulação de um desejo: "Que meu apego à existência intrínseca desapareça". Tampouco podemos fazê-lo por meio da bênção de alguém. Nossa maneira fundamentalmente distorcida de perceber a nós mesmos, assim como ao mundo que nos cerca, só pode ser alterada por nosso cultivo de uma percepção válida, que se oponha à forma equivocada de percebermos naturalmente as coisas. Essa percepção válida é o verdadeiro discernimento do vazio.

Convém compreendermos o que eu chamaria de lei das forças opostas. Estamos familiarizados com essa lei, que atua no mundo material. Quando achamos um cômodo muito frio, podemos aumentar o aquecimento. Quando o achamos muito quente, reduzimos o aquecimento. Nesse caso, a lei das forças opostas funciona porque o calor e o frio não residem simultaneamente no mesmo lugar sem que um solape o outro. Do mesmo modo, podemos eliminar a escuridão num aposento acendendo a luz.

Assim como a lei das forças opostas opera de diversas maneiras no mundo natural, ela também opera em nosso mundo mental. Para nos opormos a nossos sentimentos negativos, como a raiva e o ódio, cultivamos a bondade amorosa e a compaixão. Similarmente, para nos opormos a sentimentos intensos de concupiscência e afeição, meditamos sobre a impureza e a impermanência do objeto de nosso desejo. Nosso processo de pensamento opõe-se a nossos sentimentos aflitivos e os reduz aos poucos.

Esses antídotos apenas minam nossas aflições, mas não as eliminam por completo. O reconhecimento do vazio, por se fundamentar no discernimento, surte um efeito radical em nossas tendências mentais negativas, de modo semelhante a acender uma luz em um cômodo escuro, pois dissipa de imediato nosso habitual apego ignorante à existência intrínseca.

Algumas de nossas aflições têm caráter cognitivo, enquanto outras são de natureza mais impulsiva. A raiva e a afeição, por exemplo, são impulsivas, possuindo um caráter cognitivo muito menor. Nossa ignorância fundamental tem uma qualidade cognitiva muito maior. Por isso, para nos opormos a ela, devemos cultivar seu oposto direto: a sabedoria que reconhece o vazio.

Embora a sabedoria e a ignorância sejam ambas qualidades mentais, o poder de nossa ignorância fundamental provém primordialmente da longa habituação. Entretanto, nossa ignorância fundamental discorda de como as coisas realmente são: na realidade, não existe base para nossa percepção equivocada nem respaldo válido para ela na razão. Em contraste, embora a princípio o vazio possa ser difícil de compreender, o conceito de vazio concorda com a realidade, pois se fundamenta na experiência válida e é capaz de resistir ao escrutínio lógico.

Depois de cultivar a sabedoria que reconhece o vazio, devemos aumentar seu potencial, desenvolvendo a familiaridade com ele. Com isso, nossa sabedoria aos poucos chega a um ponto em que consegue erradicar nossa ignorância fundamental.

Além disso, a natureza essencial da nossa mente é sua clareza e luminosidade. Essas qualidades mentais são puras e impolutas. Através de nosso cultivo prolongado da sabedoria, é possível erradicar nossa ignorância fundamental a ponto de as aflições, junto com qualquer propensão para o pensamento aflitivo que surge na dependência de nossa ignorância, serem eliminadas. Essa possibilidade de eliminar todos os obstáculos à pura luminosidade e ao saber sugere nosso potencial para alcançar um estado de onisciência.

ORIGINAÇÃO DEPENDENTE

Então, quem sou eu? Quem ou o que se encontra no meu cerne? Acaso sou um dos elementos mentais ou físicos individuais que compõem aquilo em que penso como "eu"? Ou sou uma mera combinação deles? Se não sou identificável com os elementos individuais do corpo, e, ainda assim, não posso ser identificado com a coleção desses elementos, quem sou eu? Poderia ser identificado como algo separado e independente desses elementos físicos? Essa possibilidade também é insustentável. Como eu poderia independer das partes que me compõem?

Nagarjuna demonstra que o conceito de "eu" deve ser entendido meramente como um rótulo designado na dependência da coleção das partes – físicas e mentais – que me compõem. Se uma coisa é designada, é evidente que não tem existência independente, uma vez que a designação depende da base à qual é designada. Se algo possui uma natureza dependente, não pode existir independentemente, visto que a dependência e a independência são mutuamente excludentes. Portanto, o conceito de "eu" não tem existência independente nem intrínseca, dado que o fato de algo ter uma existência dependente contradiz sua existência independente.

O verdadeiro significado do vazio deve ser compreendido em termos da originação dependente. Como afirma Nagarjuna no mesmo texto, "Aquilo que é dependentemente originado foi ensinado a ser vazio, e a isso chamo Caminho do Meio". A dependência a que ele se refere não pode ser limitada à dependência causal, no sentido em que o broto é contingente à semente, ou no sentido em que nosso sofrimento decorre de nossos atos não virtuosos anteriores. Para refutar a existência intrínseca, nossa compreensão da originação dependente deve reconhecer a designação dependente. Apenas ao compreendermos que a cadeira existe meramente na dependência de a identificarmos como tal é que chegamos a uma concepção da originação dependente, capaz de minar nossa visão natural da cadeira como dotada de existência intrínseca.

De modo semelhante, ao vermos a nós mesmos, devemos reconhecer que "eu" existo meramente na dependência de atribuir uma qualidade de pessoa às partes mentais e físicas que são a base de minha identificação de "mim".

O vazio é um atributo de todos os fenômenos. Como diz Nagarjuna, "Não há fenômeno que não seja dependentemente originado; não há nada que não seja vazio".

Uma vez que compreendamos o vazio no sentido da originação dependente – e da designação dependente, em particular –, saberemos que as coisas existem por mera designação e rotulação. Uma mesa é designada ou rotulada como mesa na dependência de sua base de designação: as partes da mesa. Essas partes não são a mesa; são a base sobre a qual identificamos algo como "mesa". Não há uma mesa intrinsecamente existente entre suas partes. Se procurarmos entre essas partes – o tampo, as laterais, as pernas –, não descobriremos uma mesa identificável escondida entre elas. Além disso, a ideia de nossa mesa aparecer separadamente dessas partes é absurda. Como poderia existir uma mesa desprovida de partes?

É importante esclarecer que nossa mesa – que existe por mera designação ou rotulação – e o nome "mesa" não são a mesma coisa. O nome "mesa" é uma palavra e, portanto, faz parte da linguagem, ao passo que a mesa é um móvel sobre o qual colocamos coisas.

Como afirmei anteriormente, essa inencontrabilidade da nossa mesa é uma qualidade que também se aplica a todas as outras coisas. Podemos procurar o carro entre suas partes, a casa entre suas partes, e a árvore entre a raiz, o tronco, os galhos e as folhas, e não encontraremos carro, casa nem árvore. O mesmo se pode dizer dos sons e cheiros, cada um dos quais tem partes que formam a base para que os identifiquemos como sons ou cheiros. Do mesmo modo, tudo o que há no campo da existência, quer seja produzido, quer seja conceitualizado, existe por mera imputação. Esse *status* dos fenômenos é seu vazio. Não se trata de vazio no sentido de um cômodo vazio, mas do vazio de qualquer qualidade encontrável de "comodice" entre as partes que compõem o cômodo.

TODOS OS FENÔMENOS PROVÊM DO VAZIO

Como afirma Nagarjuna em seu *Comentário sobre o despertar da mente*, "Se compreendermos que todos os fenômenos são vazios, a relação entre causa e efeito – carma e seus frutos – se tornará sustentável. Essa é, com efeito, uma grande maravilha, mais deslumbrante do que o mais deslumbrante, mais admirável do que o mais admirável!".

Ao compreendermos o vazio em termos de originação dependente, podemos estabelecer a funcionalidade das coisas. Podemos reconhecer que a relação entre as causas e seus efeitos é interdependente e, portanto, que eles são necessariamente dependentes uns dos outros. Se uma coisa possuísse existência intrínseca objetiva, ela se tornaria uma realidade encerrada em si mesma, o que a impediria de se inter-relacionar com outros fenômenos. Portanto, é essa falta de existência intrínseca – esse vazio – que permite a uma coisa funcionar, ser produzida, produzir e interagir com outras coisas.

DESIGNAÇÃO DEPENDENTE

Como eu disse antes, o princípio da originação dependente – *pratityasamutpada* – é uma característica definidora da filosofia budista. Há diferentes níveis de entendimento da *pratityasamutpada*, a começar pela dependência que as coisas e eventos têm de suas causas e condições. Todos os budistas aceitam esse nível, que se aplica apenas às coisas condicionadas. A seguir vem a compreensão da originação dependente com respeito à relação entre as partes e o todo. Por último, chegamos ao conceito de designação dependente que vimos discutindo.

A primeira dessas três relações dependentes limita-se aos efeitos resultantes de suas causas. Essa relação é válida em apenas uma direção temporal, já que o fluxo de tempo do passado para o futuro proíbe que uma causa dependa de seu efeito, no sentido de resultar dele.

Examinando com mais sutileza, reconhecemos que, assim como algo só pode ser identificado como efeito em relação a sua causa, o inverso também é verdadeiro: uma causa só pode ser identificada como causa em relação a seu efeito. Como poderia algo ser causa, se não fosse causa de um efeito? Sua identidade causal, portanto, depende de seu efeito subsequente. Nesse sentido, a relação de dependência opera nas duas direções temporais.

Embora uma causa não possa ser efeito de si mesma, ela é necessariamente efeito de outra causa que não ela mesma. O broto é efeito de sua semente causal, ao mesmo tempo que é também causa da futura árvore. Isso demonstra que nenhuma causa é absoluta, em si e por si. As causas só são causas dependendo de seus efeitos, ao mesmo tempo que também são efeitos na dependência de suas causas. Portanto, qualquer coisa pode ser chamada de causa, dependendo de surtir um efeito, e de efeito, dependendo de ter sido causada. Nada tem o menor caráter intrínseco de ser causa ou efeito, pois isso proibiria a causa de ser qualquer coisa senão causa, ou o efeito de ser qualquer coisa senão efeito.

Tomando o exemplo de uma cadeira de madeira, podemos compreender que a árvore de que ela foi feita é a causa da cadeira. A existência da cadeira depende dessa árvore; não haveria cadeira sem ela. Mas não se pode dizer que a árvore dependa da cadeira em nenhum sentido causal. Da mesma forma, no plano temporal, podemos dizer que a cadeira de hoje é efeito da cadeira de ontem, pois cada momento da nossa cadeira é causa de seu momento seguinte. Também nesse caso, a existência da cadeira de hoje – a cadeira resultante – depende da existência da cadeira de ontem – a cadeira causal. É mais difícil dizer que a cadeira de ontem depende da cadeira de hoje. No entanto, podemos reconhecer que a cadeira causal só pode ser considerada causal em relação a uma cadeira resultante, visto que uma causa sem efeito não faria sentido.

Levemos isso um passo adiante. Embora a cadeira de hoje resulte da cadeira de ontem, ela também causa a cadeira de amanhã. Logo, a cadeira de hoje não é, intrinsecamente, uma cadeira resultante. Ela só o é de forma dependente, assim designada na dependência de ser o efeito da cadeira causal da véspera. Assim como necessita da cadeira da véspera para ser uma cadeira resultante, ela necessita da cadeira do dia seguinte para ser uma cadeira causal.

A compreensão mais tosca da originação dependente prepara-nos para a apreensão de suas interpretações mais sutis. Inversamente, nossa compreensão do vazio como mera designação nos permite compreender melhor a relação de dependência entre as coisas e suas partes, o que, por sua vez, aprofunda nossa compreensão da mecânica de causa e efeito.

À medida que desenvolvemos nosso discernimento do vazio, devemos também trabalhar para purificar nossos motivos para buscar essa dimensão de sabedoria do caminho para a iluminação. A sabedoria, por si só, não nos levará ao estado último de budeidade. Devemos desenvolver a dimensão metódica do caminho pelo qual podemos servir aos seres sencientes que são nossos semelhantes e conduzi-los à felicidade e à libertação de todos os níveis de sofrimento.

Capítulo 10

O ASPECTO METODOLÓGICO DO CAMINHO

Como praticantes espirituais, nós nos esforçamos pela simplicidade. Ao evitar a atenção excessiva ao nosso conforto, evitamos também um estilo de vida exageradamente ascético, uma vez que a verdadeira prática espiritual visa transformar nosso estado mental, e não dominar a penitência física. Devemos perceber com clareza que isso não é um ditame a ser seguido pelo fato de Buda ter-nos mandado evitar excessos. Nós é que sofremos como resultado da complacência ou do ascetismo. Ao diminuirmos nossas tendências para esses extremos, introduzimos mais felicidade em nossa vida.

◆

Para o praticante leigo, creio eu, é melhor permanecer engajado na sociedade na condução de uma vida espiritual. Embora alguns indivíduos excepcionais sejam capazes de se dedicar totalmente a profundas práticas meditativas, eu mesmo procuro seguir um caminho intermediário, equilibrando os interesses espirituais com a responsabilidade mundana.

O TREINAMENTO DA MENTE

A essência do treinamento da mente é cultivar a bodicita, a mente altruísta que procura alcançar a iluminação completa de um Buda, para beneficiar da maneira mais eficaz todos os seres sencientes. Iniciamos nosso treinamento refletindo sobre as desvantagens do apreço por si mesmo e as vantagens de trabalhar pelo bem-estar alheio. Fazemos isso por meio da meditação analítica, examinando e contemplando calmamente essas ideias durante muitos meses, até anos, para, enfim, podermos perceber os outros como mais importantes do que nós mesmos.

Nessa prática, também aprendemos a transformar nossas adversidades em oportunidades. Não devemos esperar que as situações difíceis que encontramos na vida se modifiquem, mas, alterando nossa postura perante essas situações, podemos ver a dificuldade não como algo de que desejemos nos esconder, mas como uma oportunidade de trabalhar a nós mesmos. Isso nos ajudará a suportar naturalmente situações que, antes, talvez julgássemos intoleráveis. Assim, para o praticante avançado do treinamento mental, até as

O ASPECTO METODOLÓGICO DO CAMINHO

situações que normalmente pareceriam constituir obstáculos ao crescimento espiritual, como as doenças que levam à abreviação da vida, podem tornar-se oportunidades de desenvolvimento interior. Um antigo praticante disse: "Fico triste quando as coisas prosperam e me rejubilo quando isso não acontece, pois é aí que ocorre a prática espiritual".

Para a maioria de nós, a imagem que temos de nós mesmos como praticantes espirituais depende de as coisas correrem bem para nós. O grande mestre tibetano Togmey Zangpo escreveu: "Quando o sol brilha e a barriga está cheia, existe a forma da santidade, mas, quando se enfrenta a adversidade, não se encontra nenhum vestígio do verdadeiramente santo". Quando as coisas correm bem, nós nos vemos como praticantes, mas, quando surgem desafios, qualquer vestígio de virtude parece desaparecer. Discutimos com nossos semelhantes e até os insultamos, quando necessário.

O verdadeiro praticante espiritual, sobretudo o que está engajado no treinamento da mente, é capaz de usar o infortúnio na prática espiritual. O praticante prefere ser depreciado a ser enaltecido. Quando somos admirados, existe o perigo do surgimento do orgulho, causando arrogância em relação aos inferiores, inveja dos superiores e competição com os rivais. Temos menos probabilidade de vivenciar esses sentimentos quando não temos um senso inflacionado do eu.

Quando gozamos de sucesso na vida, devemos evitar a presunção e, em vez disso, usar a oportunidade para apreciar os resultados da virtude e tomar a decisão de praticá-la com a máxima frequência possível. Se quisermos ser verdadeiros praticantes do treinamento mental, devemos transformar habilmente qualquer acontecimento concebível para ampliar nosso compromisso com os outros. Quando surge dentro de nós um pequeno traço de arrogância que seja, a reflexão da bodicita deve esvaziá-lo. E, ao nos confrontarmos com a tragédia, em vez de nos sentirmos abatidos, devemos utilizar a situação para promover ainda mais a nossa prática, mediante a consideração dos inúmeros seres que sofrem de maneira semelhante ou até mais. Em seu *Guia do estilo de vida do bodisatva*, Shantideva expressou esses sentimentos em versos que considero particularmente inspiradores:

> *Pois enquanto persistir o espaço,*
> *Enquanto persistirem os seres sencientes,*
> *Possa também eu persistir*
> *Para dissipar o sofrimento deles.*

Portanto, treinar a mente aprimora a bodicita da mais hábil maneira, moldando nossas faculdades mentais e permitindo que apreciemos e nos beneficiemos das dificuldades, as quais, de outro modo, nos causariam sofrimento.

COMO ORDENAR NOSSA PRÁTICA

É importante ordenarmos corretamente nossa prática. Começamos por refletir sobre o caráter raro e precioso de nossa vida humana. Em seguida, contemplamos nossa impermanência e nossa morte inevitável. Consideramos as leis do carma – causa e efeito – e o modo como o sofrimento resulta de nossos atos não virtuosos, ao passo que a felicidade provém da virtude. Por fim, contemplamos o sofrimento que perpassa nossa vida no ciclo de vida e morte. Essas reflexões preliminares nos permitem desenvolver a compaixão para com a infinidade de seres sencientes que, tal como nós, sofrem no *samsara*. A compaixão – o desejo de livrá-los do sofrimento – nos levará a reconhecer a necessidade de desenvolvermos nossa capacidade de ajudá-los e servirá de semente da bodicita.

Nossa capacidade de gerar ou não a bodicita será determinada pela força de nossa compaixão. Nosso sentimento de proximidade com os outros e nossa compreensão da natureza do sofrimento do qual queremos que eles se libertem são cruciais para o cultivo da compaixão. Quanto maior a clareza com que virmos as agruras dos outros, mais nos compadeceremos deles.

Inicialmente, é mais fácil reconhecer nosso próprio estado de insatisfação. Devemos identificá-lo e reconhecê-lo a ponto de sentir repugnância. Isso nos levará a sentir asco por nossas atitudes e hábitos mentais aflitivos, pelas condições que causaram nossa situação. Precisamos contemplar a natureza destrutiva dessas aflições, pois elas são a origem de nosso infortúnio. Para isso, devemos compreender a mecânica do carma.

O carma, como discutimos anteriormente, refere-se à dinâmica pela qual certos atos dão origem a certas consequências. Isso deve ser reconhecido, compreendido e ponderado na meditação, a fim de podermos reconhecer que são nossos próprios atos – particularmente nossos atos mentais – os responsáveis por nossas dificuldades na vida.

Também devemos introduzir um senso de urgência em nossa prática, refletindo sobre a morte e a impermanência. O mero reconhecimento de que acabaremos morrendo não basta. Devemos reconhecer o perigo de virmos a morrer sem termos aproveitado a oportunidade que nos foi concedida por nossa existência humana. Isso não equivale a temer a morte, mas à preocupação de que possamos morrer sem utilizar esta maravilhosa vida humana. Para chegar a esse reconhecimento, precisamos valorizar verdadeiramente a preciosidade da vida humana que possuímos.

Portanto, iniciamos nossa meditação contemplando o valor da nossa vida humana e as oportunidades que ela oferece. Intensificamos nossa determinação de fazer bom uso desta vida ponderando sobre nossa morte iminente. Prosseguimos examinando o funcionamento do carma e a natureza miserável da existência cíclica. Esse processo de pensamento nos leva, naturalmente, a renunciar a qualquer envolvimento com as questões do *samsara*.

Para adquirir uma verdadeira apreciação desse nascimento humano, o praticante do treinamento mental medita sobre as outras formas de vida existentes. O budismo propõe três reinos inferiores em que se pode nascer, como resultado de atos de motivação egoísta cometidos em detrimento de terceiros. O comportamento negativo poderoso causa o intenso sofrimento experimentado nos infernos quente e frio, enquanto os atos menos poderosos acarretam a dor da fome experimentada pelos *pretas* – fantasmas famintos –, que não conseguem saciar seu apetite. A negatividade branda impele à vida como um animal cuja ignorância inibe o desenvolvimento espiritual e cujos modos

O ASPECTO METODOLÓGICO DO CAMINHO

vis lhe causam mais sofrimento. Além do reino humano, que temos a extraordinária sorte de compartilhar, há ainda os reinos dos deuses e semideuses, nos quais se nasce como resultado de atos neutros ou virtuosos.

Essa é uma descrição simplificada de nossa visão budista dos diferentes reinos da existência. Cabe a cada um de nós pesquisar e examinar o funcionamento do carma, a fim de nos inspirarmos a nos conduzir de maneiras que levem à felicidade, para nós mesmos e para aqueles que nos cercam.

Depois de termos contemplado o intenso sofrimento experimentado nos reinos inferiores e desenvolvido a apreciação por nossa condição humana, reconhecemos ser muito provável que a morte nos impeça de concluirmos o trabalho de nossa vida. Nosso medo de não nos servirmos dessa oportunidade humana nos levará a refletir sobre como nossos atos de motivação egoísta provocam nosso sofrimento e como nosso comportamento virtuoso resulta em felicidade.

Dessa reflexão brota a compreensão de como nossas aflições nos aprisionam em um estado perpétuo de sofrimento na existência cíclica, a qual, por sua vez, aumenta nosso desejo de nos retirarmos do *samsara*. Nossa renúncia a qualquer envolvimento nas questões da existência cíclica é um grande passo espiritual que não deve ser encarada como um expurgo dos amigos, dos familiares e das posses físicas, mas como uma mudança de nossa atitude para com eles. Já não nos dedicamos a interesses mundanos; em vez disso, trabalhamos para alcançar a libertação dos grilhões de tais interesses e, em particular, de aflições como o desejo e a raiva, que nos prendem no *samsara*.

Quanto maior o nosso sentimento de repugnância por nossas aflições e quanto mais penetrante o nosso discernimento da natureza de nosso sofrimento, mais profunda será nossa compaixão ao voltarmos a atenção para os outros. Reconhecemos que, assim como não queremos sofrer, os outros também não o querem. Quando os vemos presos no círculo vicioso de seu sofrimento, nosso sentimento de compaixão aumenta, assim como nossa aversão às atitudes aflitivas que causam seu sofrimento. Como resultado, nosso reconhecimento de nossa impotência nos inspira a alcançar o estado último de iluminação. É essa a aspiração da bodicita.

O SOFRIMENTO

Como afirmei antes, ao contemplarmos o sofrimento de todos os seres sencientes, é sobretudo na natureza disseminada desse sofrimento por condicionamento que devemos nos concentrar. Qual é a natureza desse sofrimento disseminado? É nossa própria situação, sob o controle de hábitos resultantes de nossos atos e aflições do passado. Por isso, é essencial cultivarmos o desejo de que todos os seres sencientes superem esse sofrimento condicionado, extremamente sutil, que perpassa a sua vida enquanto eles permanecem na existência cíclica.

É importante compreendermos a que ponto o sofrimento realmente se encontra em toda parte. Sentimos uma simpatia natural pelo mendigo idoso que vemos na rua. É menos provável sentirmos compaixão pela pessoa bem-

-sucedida que desfruta de sua riqueza e poder – de quem temos mais tendência a sentir inveja! –, mas isso indicaria nossa incapacidade de reconhecer o fato de que toda existência condicionada se caracteriza pelo sofrimento. Embora a situação de nosso mendigo seja decerto infeliz, suas preocupações modestas, limitadas a encontrar comida e um lugar para dormir, talvez lhe permitam ter a mente muito mais serena, livre das expectativas, da competição, das previsões e das frustrações da pessoa bem-sucedida. Ao nos darmos conta de quanto ela é escravizada por fortes sentimentos destrutivos, podemos começar a compreender que a pessoa de sucesso é igualmente merecedora de compaixão. Estendendo essas linhas de contemplação, podemos ampliar nossa compaixão a ponto de incluir até mesmo aqueles que nos ferem.

A MECÂNICA DO CARMA

Pela perspectiva budista, quando a vítima de um ato nocivo não está se comportando sob a influência de sentimentos destrutivos, ela não acumula a negatividade que, de outro modo, lhe causaria maiores danos no futuro. Além disso, mas por suportar atos nocivos com uma atitude de aceitação, o indivíduo pode esgotar a força da negatividade passada que ele cometeu – uma negatividade que, pela perspectiva do carma, é considerada a verdadeira causa do sofrimento que ele enfrenta neste momento. Em outras palavras, quando alguém me fere, estou experimentando a consequência de uma não virtude que cometi no passado. Ao ser ferido, esgoto o potencial de que essa não virtude particular do passado me cause malefícios.

A raiva e o desejo frequentemente caminham juntos. Quando sentimos um desejo intenso de um objeto que parece inatingível e percebemos que há alguém inibindo a realização desse desejo, ficamos com raiva. Por trás dessa raiva há um intenso apego ao objeto desejado. Somos consumidos por um senso do "eu" que deseja o objeto. Agarramo-nos, ao mesmo tempo, à realidade intrínseca que imputamos erroneamente ao objeto desejado e à impressão igualmente errônea do eu no núcleo de nosso desejo. Nesse ponto, ficamos sob a influência das três aflições básicas – apego, raiva e ignorância – e, se permitirmos isso, seremos vítimas de um sofrimento ainda maior.

É claro que é difícil ter tudo isso em mente quando estamos de fato sofrendo um infortúnio. Por isso, devemos procurar contemplar essas realidades quando estamos em circunstâncias tranquilas. Através da meditação analítica concentrada, aos poucos podemos habituar a mente a essa nova atitude para com as injustiças e infortúnios percebidos. Com o tempo, essa nova postura nos proporcionará mais tolerância, permitindo-nos permanecer mais pacientes ao nos descobrirmos injustamente provocados. Talvez precisemos de anos de prática até notar uma mudança em nós mesmos, mas, *decididamente*, a perseverança dará frutos.

O ASPECTO METODOLÓGICO DO CAMINHO

COMO PENSAR NAS TRÊS JOIAS

Discutimos a importância de reconhecer a preciosidade e a impermanência de nossa existência humana, de compreender as leis de causa e efeito ou carma, e de contemplar a natureza disseminada do sofrimento. Além disso, devemos aprender a apreciar o refúgio dessas condições que é oferecido pelo caminho budista. Devemos reconhecer o que o darma significa como verdadeira cessação, pois é esse o objetivo essencial de todo o nosso trabalho como budistas praticantes. Sem essa possibilidade de deter a cadeia do carma, de pouco adianta pensar na raridade e na preciosidade de nossa existência humana, pois não reconheceríamos a oportunidade que ela nos proporciona. Devemos compreender que a libertação de nossa infausta situação no *samsara* é possível e que temos a capacidade de promover essa libertação. Com isso passaremos realmente a apreciar a oportunidade que nossa vida humana nos concede.

Contemplar nossa impermanência e nossa morte iminente dá um sentido maior de urgência ao uso de nossa encarnação humana atual. Sem o reconhecimento das oportunidades que nossa fugaz vida humana nos concede, sinto que nossa contemplação da morte pareceria deprimente e até masoquista.

Ordenando nossa prática dessa maneira, reconheceremos o valor de um guia ou mestre espiritual, assim como reconheceremos que o verdadeiro mestre é capaz de proporcionar a possibilidade de libertação do círculo vicioso do *samsara*. Não me refiro aqui a um professor qualquer, mas a um mestre qualificado, que tenha profunda confiança no Buda, no darma e no sangha – as Três Joias em que, como budistas, buscamos refúgio. Esse mestre deve possuir a motivação ou a intenção de conduzir sua vida de acordo com os ensinamentos de Buda. Quando tais qualidades estão presentes em um mestre, ele ou ela se torna uma encarnação do darma.

É em nossa meditação analítica que submetemos o darma a um exame crítico e, desse modo, reforçamos nossa admiração por Buda e nossa confiança nele como um mestre verdadeiramente autêntico de sua doutrina, o darma. Isso acentua nossa compreensão do caminho budista e também aumenta nossa admiração pelo sangha – aqueles que se engajam conosco em trilhar o caminho.

DAR E RECEBER

Devemos trabalhar pela valorização do bem-estar dos outros a ponto de não conseguirmos suportar a visão do sofrimento deles. Como não podemos eliminar efetivamente esse sofrimento, trabalhamos a nós mesmos por meio de uma prática chamada *dar e receber*. Imaginamos dar aos outros todas as nossas qualidades positivas, nossa prosperidade, nossos recursos e posses, e receber em nós todas as dificuldades deles. Em nossa meditação, procuramos sentir o sofrimento dos outros como algo tão insuportável que nossos sentimentos de compaixão por eles atinjam uma espécie de ponto de ebulição.

O ASPECTO METODOLÓGICO DO CAMINHO

Empenhamo-nos na prática meditativa do dar e receber – *tonglen*, como é chamada em tibetano – com um profundo sentimento de compaixão, que deseja que assumamos todo o sofrimento, desde a dor de uma doença específica até o sofrimento mais generalizado da existência condicionada. Começamos por imaginar que estamos acolhendo em nós toda a miséria dos outros. Em seguida, oferecemos a eles toda a nossa prosperidade, felicidade e virtudes. Essa acolhida imaginária reforça nossa compaixão por todos os seres sencientes, enquanto a doação reforça nosso amor por eles.

Embora haja algumas pessoas capazes de praticar de imediato o recebimento dos sofrimentos alheios, é mais fácil para a maioria começar acolhendo seu próprio sofrimento futuro. Imaginamo-nos paupérrimos e desesperados, sem qualquer recurso ou proteção. Visualizamos a assunção efetiva dessa situação, o que nos ajuda a compreender e acolher melhor o verdadeiro sofrimento alheio.

Posteriormente, podemos correlacionar essa prática com a respiração, imaginando que, ao inspirar, estamos acolhendo em nós todo o sofrimento dos outros, e que, ao expirar, proporcionamos a eles toda a nossa prosperidade e felicidade.

Como praticantes do treinamento da mente, trabalhamos para incorporar todas as situações de vida a nossa prática. Ao depararmos com coisas que desejamos ou que nos desagradam, devemos treinar a mente para reconhecer de imediato nossos sentimentos de desejo ou repulsa e aproveitar essa oportunidade para transformá-los de maneira construtiva. Então, pedimos: "Que esta experiência de desejo possa poupar outras pessoas de sentirem o mesmo e que, com isso, elas possam evitar as repercussões das atitudes egoístas". Ao depararmos com uma situação indesejada, um objeto desagradável ou uma provocação hostil e sentirmos surgir a raiva, devemos ter a presença de espírito de pensar: "Que a minha experiência de raiva sirva para libertar todos os outros que foram prejudicados por sentimentos aflitivos semelhantes".

Convém recitar palavras inspiradoras, como as de *A guirlanda preciosa*, de Nagarjuna: "Que todo o sofrimento e os problemas dos outros amadureçam em mim, e que toda a minha virtude, prosperidade e felicidade desabrochem neles". A repetição dessas palavras nos ajuda a internalizá-las.

A GERAÇÃO DA BODICITA

Devemos ter em mente que a nossa prática funciona – que pode resultar na redução de nosso sofrimento e do sofrimento de outras pessoas. Quando o budista praticante dotado de discernimento amplia seu interesse para incluir todos os outros, o conhecimento de que o sofrimento deles pode ser eliminado de maneira real e verdadeira intensifica naturalmente o desejo de que isso aconteça. E esse desejo intensificado, por sua vez, aumenta nossa energia para a prática.

Os praticantes argutos começam por cultivar a sabedoria, que é, em essência, a compreensão de que toda a realidade se caracteriza pelo vazio. Com essa percepção, nossa admiração por Buda não se baseará na mera fé, mas provirá do conhecimento dos aspectos causais que acarretaram seu estado pleno de iluminação. Assim, também reconheceremos a natureza sutil das aflições mentais e as causas que dão origem a elas, bem como o fato de que a libertação dessas aflições é possível. Isso nos leva a perceber que a natureza essencial da mente é simplesmente a lucidez e o conhecimento, e que os poluentes que obscurecem a mente são removíveis.

Outro método para gerar a bodicita começa pelo desejo de que todos os seres sencientes fiquem livres de seu sofrimento. Isso nos leva a assumir a determinação do bodisatva de trabalhar pelo alcance da budeidade, a fim de guiá-los do modo mais eficiente para longe de suas agruras. De acordo com esse método, só se procederia ao cultivo da sabedoria – do reconhecimento do vazio – depois de ter gerado essa determinação.

Embora seja importante aspirar a auxiliar os outros em toda medida possível, é essencial que nossa prática mantenha sua meta última de atingir a plena iluminação. Cultivamos e mantemos o reconhecimento de que a bodicita – a mente altruísta da iluminação – é a essência da nossa prática, uma vez que é o único remédio para todos os sofrimentos, os nossos e os de outrem. A bodicita é o cerne da prática budista; é o meio mais eficaz para purificar a negatividade, a maneira mais poderosa de acumular mérito, o método mais habilidoso para retribuir a bondade dos outros, e nos permite realizar nossas aspirações mais profundas e ajudar os outros a fazerem o mesmo. Por meio dessa mente altruísta da iluminação, alcançamos nossos objetivos para esta vida e as vidas futuras. Mais ainda, nossa prática da bodicita é a maior oferenda que podemos fazer a Buda.

À medida que avançamos, devemos aplicar com diligência medidas que se oponham a qualquer ato não virtuoso no qual estejamos engajados, particularmente nossa atitude de autovalorização. Se sentirmos surgir em nós um sentimento de presunção, devemos contê-lo imediatamente. Do mesmo modo, se nos descobrirmos sentindo desejo por um objeto de apego, nossa atenção vigilante deve assinalar isso, para que apliquemos prontamente o antídoto. É assim que purificamos nossos atos negativos passados, ao mesmo tempo que desenvolvemos a vigilância com a qual evitamos praticar outros desses atos.

Iniciamos cada dia com a determinação de nos dedicarmos à nossa prática da bodicita. Encerramos nosso dia reexaminando nossos atos para verificar se estivemos à altura de nossas aspirações; lamentamos nossos atos motivados pelo egoísmo e juramos trabalhar para não repeti-los, e nos alegramos com os atos positivos, que dedicam nossa virtude à felicidade dos outros.

UTILIZAR A MORTE

Embora seja importante cultivar a bodicita durante nossa vida, isso é de suma importância no fim dela, porque é a qualidade do nosso estado mental na hora da morte que determina a qualidade do nosso futuro renascimento. Nesse momento, devemos aspirar a nunca nos separarmos da mente altruísta da iluminação. A familiaridade com o processo da morte nos permitirá fazer um uso construtivo desse momento extremamente oportuno.

O ASPECTO METODOLÓGICO DO CAMINHO

Na morte, os aspectos mais toscos da consciência cessam ou se dissolvem, revelando níveis mais sutis de conscientização. Passa-se por uma série de estágios, que conduzem ao que é chamado de clara luz da consciência da morte, que os praticantes avançados são capazes de utilizar para prosseguir em sua busca da budeidade. Quando nos falta familiaridade com o processo da morte, achamos apavorante e sem nenhum benefício a experiência súbita desse nível sutilíssimo de consciência. Entretanto, se nos familiarizarmos com esse processo na meditação diária, imaginando e visualizando as dissoluções que acompanham a morte, não seremos devastados por essa experiência ao passarmos efetivamente por ela. Ao contrário, vivenciaremos a morte com a confiança e a consciência que nos permitirão fazer dela um uso produtivo.

Ao nos prepararmos para o fim da vida, convém doarmos nossos pertences. Fazemos isso para diminuir nosso sentimento de apego às coisas, uma vez que nos agarrarmos a nossos bens na hora da morte é particularmente prejudicial à atitude mental serena e satisfeita com que queremos enfrentar esse processo extraordinário. Praticar a generosidade também serve para aumentar nossa reserva de méritos. Devemos igualmente purificar a força negativa das más ações e renovar qualquer juramento e compromisso que tivermos assumido, para que eles não sejam prejudicados.

Também rezamos para nunca nos separarmos do espírito altruísta da iluminação durante todos os estágios da morte e depois dela.

A essência de todos os ensinamentos de Buda almeja contrapor-se a nosso apego a um senso de eu e a ideias de autovalorização. Ao treinarmos nossa mente na virtude, fortalecendo nossa vigilância e, desse modo, mantendo afastada a autovalorização, não é com a admiração dos outros que contamos. Somos nós mesmos que mais sabemos quão autênticas são as nossas qualidades aparentes. Procedemos com coragem e alegria quando surge a oportunidade de desenvolver um ideal maravilhoso como a bodicita. Essa alegria deve ser mantida ao introduzirmos essa bodicita em todos os aspectos de nossa vida. Enquanto comemos, caminhamos pela rua ou conversamos com amigos, a atitude de buscar com desprendimento a plena iluminação a fim de ajudar os outros deve estar entusiasticamente presente. Quando essa atitude acompanha todos os nossos atos físicos, verbais e mentais, podemos nos considerar treinados.

Então, pratiquem bem!

Capítulo 11

COMO PRATICAR

A compreensão intelectual do caminho da iluminação é importante e, como já foi discutido, a apreensão minuciosa do vazio é essencial. No entanto, como traduzir nossa compreensão filosófica numa prática efetiva? Inicialmente, devemos reafirmar nosso refúgio nas Três Joias, em Buda, no darma e no sangha. Consideramos as qualidades de cada um e nos comprometemos com eles. É Buda quem nos conduz pelo caminho para a libertação do círculo vicioso de sofrimento do *samsara*. E são seus ensinamentos que apontam o caminho que devemos seguir. São os praticantes avançados, comprometidos com o auxílio aos outros, que nos ajudam em nossa jornada. Recordar as qualidades de cada um – de Buda, do darma e do sangha – restabelece o refúgio que buscamos nas Três Joias.

Também reafirmamos nossa geração da bodicita, a determinação de alcançar o estado de iluminação plena da budeidade, a fim de auxiliarmos todos os seres sencientes a saírem de seu sofrimento.

Acompanhamos isso com uma breve prática de acumular virtudes, purificar negatividades e ampliar nossa virtude mediante a dedicação do mérito que tivermos acumulado a todos os seres sencientes.

Em nossa prática, combinamos duas formas de meditação: a meditação analítica e a permanência na serenidade. A meditação analítica, na qual raciocinamos sobre uma ideia, permite-nos afetar nossos pensamentos e sentimentos de maneira mais vigorosa, a fim de promover mudanças em nosso comportamento. Na permanência na serenidade, orientamos a mente para um objeto como a conclusão de nossa meditação analítica e a mantemos concentrada nesse objeto, sem nos entregarmos a qualquer contemplação ou análise. Combinamos essas duas técnicas meditativas, alternando-as, contemplando o raciocínio lógico que estabelece nosso vazio de existência intrínseca, por exemplo, e depois aplicando a mente à conclusão a que chegamos através de nossa meditação analítica.

Ao cultivar a compaixão, inicialmente contemplamos, por meio da meditação analítica, o sofrimento experimentado pelos outros. Examinamos as diferentes situações miseráveis em que se encontram os seres sencientes. Aplicamos linhas de raciocínio lógico para impulsionar nosso aprofundamento no reconhecimento das formas mais sutis de sofrimento que eles vivenciam. Quando nosso coração se enche de empatia, surge em nós um intenso desejo de eliminar o sofrimento deles. É nesse ponto que nos concentramos de forma exclusiva e inflexível nessa experiência de compaixão e nos abstemos de uma análise adicional. Assim, alternamos entre as duas formas de meditação para atingir a mudança verdadeira em nossos pensamentos, assim como em nossos sentimentos e em nossa conduta.

A postura perfeita da meditação é esta: costas eretas; olhos semicerrados e voltados para baixo, para o ângulo do nariz; queixo ligeiramente retraído; pernas cruzadas, com cada pé sobre a coxa oposta; braços nem colados no corpo nem afastados dele; mãos no colo, com as palmas viradas para cima, a direita sobre a esquerda, com as pontas dos polegares se tocando; boca fechada e língua tocando de leve o palato. Trata-se de uma postura difícil de manter confortavelmente sem uma longa prática; se for difícil demais, será suficiente sentar-se ereto numa cadeira com as mãos dobradas no colo. Entretanto, a posição do corpo definitivamente afeta o estado de espírito, e é importante assumir uma postura que nos permita manter o controle eficaz dos pensamentos enquanto meditamos.

Iniciamos a sessão deixando de lado nossas preocupações, esperanças, temores e lembranças, e levando a mente a um estado neutro. Podemos fazer isso meditando sobre nossa respiração, acompanhando mentalmente cada ciclo de inspiração e expiração, com plena e serena consciência. Vinte desses ciclos de respiração devem permitir que levemos a mente a um estado tranquilo e neutro. Se nos forçarmos a meditar antes que nossa mente tenha sido acalmada, é provável que apenas aumentemos nossa inquietação e nossa frustração.

CULTIVAR A SABEDORIA

Voltamos, então, nossa mente para o vazio. Começamos por tomar nossa própria identidade como objeto de nossa concentração. Repetindo a ideia "eu sou", buscamos o "eu" dessa frase. O que é e onde está esse "eu"? Embora a característica de vazio atribuída ao "eu" seja idêntica à de outros fenômenos, e apesar de não ser imperativo que meditemos primeiro sobre a impessoalidade da pessoa, dizem que é mais fácil e mais eficaz começar por si mesmo como objeto da meditação sobre o vazio.

Então, onde está esse eu? Será no corpo? Na mente? Estabelecemos criteriosamente como o eu teria de existir, se de fato existisse. Em seguida, estabelecemos com clareza que não se consegue encontrar esse eu entre as partes que nos compõem, nem ele é encontrado separadamente dessas partes. Concluímos, portanto, que ele não existe. Através da familiaridade, a inexistência desse eu torna-se cada vez mais evidente. Ao nos olharmos no espelho, sentimos de imediato: "Na verdade, eu não existo!".

Passamos então a examinar as coisas em que baseamos nossa suposição do "eu". Tentamos localizar uma identidade para cada uma delas. Procuramos o corpo real entre suas partes – será nossa cabeça, nosso peito, nossos braços, nossas pernas? – e concluímos que simplesmente não se encontra nenhum "eu" entre as partes mentais em que o eu se baseia, assim como não há corpo encontrável entre suas partes físicas. Ao vermos um reflexo de nosso corpo, no mesmo instante nos recordamos de sua insubstancialidade essencial. Do mesmo modo, ao procurarmos nossa mente, chegamos à conclusão similar de que não existe mente real que se possa encontrar entre todas as partes que a constituem.

É assim que estabelecemos que o eu existe meramente como um nome que imputamos a suas partes distintas.

Os efeitos de nossa meditação analítica não se evidenciam de imediato. Com o tempo, entretanto, através da prática, à medida que nos habituamos a essa nova atitude perante nós mesmos, notaremos uma mudança. Conforme se aprofunda a nossa compreensão do vazio, reconhecemos a possibilidade, ao menos em princípio, de alcançar a libertação de toda a cadeia de causação enraizada na ignorância fundamental que se prende à ideia de eu.

PRATICAR O MÉTODO

Devemos também meditar sobre o aspecto metodológico do caminho para a iluminação, particularmente sobre a bodicita. A meditação sobre a bodicita consiste em duas partes separadas. Devemos desenvolver o desejo de promover o bem-estar de todos os seres sencientes, e devemos fortalecer o objetivo de alcançar a budeidade em benefício deles. É a combinação dessas duas aspirações que caracteriza a bodicita.

O segredo para gerar a bodicita é nosso cultivo da compaixão. Como discutimos, todos possuímos uma semente natural de compaixão. Ao longo da infância, nossa sobrevivência depende da afeição recíproca entre nós e nossas mães. Do mesmo modo, vivenciamos e nos beneficiamos da afeição que recebemos de outras pessoas próximas que nos foram caras. Através da meditação analítica, acentuamos e ampliamos essa compaixão, transformando-a num sentimento de solidariedade a todos os seres sencientes e no desejo de que eles se libertem de todas as formas de sofrimento.

Essa atitude não surge de forma instantânea, mas apenas por meio de um cultivo diligente, ao longo de muitos e muitos anos. Com paciência e dedicação, devemos contemplar o estado de sofrimento dos seres sencientes e trabalhar para desenvolver, do fundo de nosso coração, o desejo de que eles se livrem dessa miséria. Começamos considerando as formas mais flagrantes e terríveis de sofrimento; depois ampliamos nossa meditação para que ela inclua as formas de sofrimento que, na superfície, não se afiguram como tais. Por último, para promover a semente da bodicita, devemos nos concentrar no sofrimento generalizado que provém do fato de sermos condicionados pelo desejo, pela aversão e pela ignorância que se encontram no cerne de nossa autoapreciação. Ao contemplarmos como os seres sencientes que são nossos semelhantes são vítimas do círculo vicioso de seus estados mentais aflitivos, cresce em nós a repulsa pelas aflições deles e pelas nossas.

Para ter um verdadeiro sentimento de solidariedade em relação ao sofrimento alheio, começamos por reconhecer nosso próprio sofrimento e a maneira como somos massacrados por nossas aflições. Em nossa meditação, tentamos compreender como o nosso estado de ser é perpassado pela dor, que se deve meramente ao fato de existirmos no círculo vicioso do *samsara*. Depois, desenvolvemos o desejo de nos libertarmos dele. Nossa atitude resultante é de verdadeira renúncia. Quando estendemos essa atitude a todos os outros e cultivamos o desejo de que eles encontrem a libertação de seu sofrimento, surge a compaixão. Ao desenvolver e aprofundar nosso sentimento de compaixão, produzimos uma determinação extraordinária: "Vou promover o bem-estar de todos os seres sencientes!". É dessa postura que nasce a bodicita.

Atingir a budeidade, a meta de nossa meditação na bodicita, leva muitos éons, ou, pelo menos, muitas vidas. Não devemos ter a expectativa de alcançar grandes realizações rapidamente, pois com isso poderíamos desanimar em nossa prática. Todos os nossos esforços, inclusive nossa luta pelos temas mais espinhosos que discutimos, contribuem para nossa iluminação. Por isso, é essencial trabalharmos para cultivar condições de renascer em uma situação que nos permita continuar a trilhar nosso caminho para a iluminação. Abstendo-nos dos dez atos não virtuosos – matar, roubar, ter má conduta sexual, mentir, criar a discórdia por palavras, usar termos ofensivos, fazer mexericos fúteis, cobiçar, agir com maldade e defender a visão errada –, somos impedidos de fazer mal aos outros e de provocar nosso próprio sofrimento futuro. Isso nos prepara para uma vida futura feliz. Se renascermos como animais, não teremos a oportunidade de nos dedicarmos conscientemente à prática da virtude. Por isso, devemos alimentar, a curto prazo, o objetivo de um bom renascimento, que nos permita continuar nosso caminho para o objetivo supremo da budeidade.

Ao final de nossa sessão, consagramos o mérito que adquirimos como resultado dela e desejamos que nossos esforços beneficiem todos os seres sencientes. Também podemos concluir nossa prática tornando a refletir sobre o vazio.

Ao acordar de manhã, devemos tentar moldar a mente. Estipulamos nossa motivação do dia comprometendo-nos a beneficiar os outros. Eu começo meu dia refletindo sobre as qualidades de Buda. Em seguida, prometo dar sentido ao dia dedicando-me a servir aos outros e, no mínimo, a me abster de lhes causar qualquer mal. Depois disso, inicio minha meditação como descrevi anteriormente. Isso afeta minha atitude de maneira positiva pelo resto do dia.

Em decorrência de estabelecermos nossas motivações no começo do dia, ao enfrentarmos situações que nos provocam raiva, nossa capacidade de permanecermos pacientes e de nos abstermos de perder as estribeiras é imensamente aumentada. Do mesmo modo, moldar nossa mente pela meditação analítica aumenta nossa capacidade de nos refrearmos ao sermos tentados por objetos de desejo, e nos proporciona a força interior necessária para evitarmos outras aflições, como o orgulho e a arrogância. Desenvolvemos a força da continência em nossa sessão de meditação diária e, em seguida, manifestamos nossas atitudes interiores em nossos atos do dia a dia.

Quanto maior for a porção de nosso tempo livre que dedicarmos a moldar nossa mente, melhor estaremos. Recomendo acordar cedo e usar a manhã para meditar, especialmente considerando que, muitas vezes, é nessa hora que nossa mente está com mais vigor e mais concentrada. Também devemos nos certificar de dormir o suficiente para estarmos bem descansados e aptos a nos dedicarmos a nossas responsabilidades espirituais.

Devemos praticar sistematicamente. Não podemos esperar resultados se meditarmos apenas de vez em quando. É pela continuidade de nossa prática que a mudança interior começa a ocorrer. Embora não devamos ter a expectativa de ver mudanças em dias, semanas ou até mesmo meses, após alguns anos de prática generosa as mudanças decididamente aparecem. Não podemos esperar progresso algum se nos dedicarmos a nossa prática como um modismo, praticando um pouco e passando a outra disciplina. Devemos praticar continuamente.

A ideia de que são necessários éons de prática para atingir a plena iluminação de um Buda é intimidante. Todavia, quando medito sobre a vastidão da tarefa que tenho pela frente, isso me dá forças para me dedicar da maneira mais plena possível a servir aos outros seres sencientes. Embora essa promessa possa afigurar-se uma crença fantasiosa, ela pode nos servir de inspiração para desenvolvermos a confiança e reconhecermos que nossa própria existência pode ser valiosa para outros. Isso dá sentido a cada dia de nossa vida e infunde em nós uma coragem poderosa.

O PROPÓSITO DA SABEDORIA

O propósito de cultivar a compreensão do vazio e de meditar sobre ele é desenvolver uma perspectiva verdadeira sobre nós mesmos e o mundo que nos cerca.

Durante a meditação efetiva sobre o vazio, devemos ficar completamente absortos na consciência do vazio. Durante a meditação concentrada sobre o vazio do "eu", a mente daquele que medita concentra-se numa postura negativa: uma postura que não afirma nada. A consciência experimenta a mera negação de qualquer existência intrínseca do "eu". Nesse estado, não se enfrenta nenhum desafio real. O verdadeiro teste da experiência espiritual é enfrentado quando saímos desse estado meditativo absorto e travamos contato com o mundo. Faculdades sensoriais como a visão e o olfato se reativam ao serem expostas a condições externas e internas. É nesse ponto que nossa percepção recém-adquirida de todos os fenômenos como ilusórios servirá para contrapor nossa tendência natural a nos agarrarmos à ideia de eu.

A meditação sobre o vazio também nos habilita a usar a adversidade como um passo no caminho para a iluminação e a vivenciar a atitude aqui expressa pelo mestre caxemirense Shakya Sri: "Quando feliz, possa eu dedicar minha felicidade a todos, e, quando sofrendo, possa o oceano da miséria secar". Para quem é verdadeiramente capaz de praticar o darma dessa maneira, viver no coração da cidade de Nova York é mais eficaz do que isolar-se no alto de uma montanha. Se não tivermos desenvolvido a necessária paz interior, mesmo que levemos uma vida de eremita, nossa mente continuará carregada de raiva e ódio, e não teremos paz.

Como nos incentiva a fazer Shantideva em seu *Guia do estilo de vida do bodisatva*, devemos trabalhar para "superar todas as formas de cansaço e montar o cavalo da bodicita, viajando de um lugar de alegria para outro lugar de alegria. Que pessoa inteligente não se deleitaria com tal viagem?".

POSFÁCIO

Muitos anos atrás, tive a sorte de perguntar a Dalai Lama qual era o mais importante ensinamento de Buda. Ele passou um momento calado. "*Shunya*", disse. "O vazio." Na minha experiência, os ensinamentos de Buda são de imenso benefício para nós. Como um medicamento eficaz, abordam nossos problemas pessoais de maneira muito específica. E, é claro, compartilham notáveis ressonâncias com mestres e ensinamentos de outros caminhos espirituais. Amor, compaixão, caridade, sinceridade, bondade, generosidade, altruísmo, alegria e perdão são qualidades que a maioria dos seres humanos – se não todos – reconhece e admira. O budismo deposita grande ênfase no mais pleno desenvolvimento dessas maravilhosas qualidades.

Mas a grande e singular dádiva que o Buda Shakyamuni nos legou foi explicar a causa fundamental de todos os nossos problemas, tanto os individuais quanto os de nossas comunidades e nações. Essa causa é a crença não questionada em um eu independente e eterno. Sofremos e nos comportamos mal por acreditar que existimos da maneira como parecemos existir, movidos por nós mesmos, independentes e reais.

Buda sugeriu que isso era uma alucinação, uma mentira que, em última análise, levou a todos os nossos problemas e sofrimentos, desde os primórdios de tempos imemoriais. Estamos tão acostumados – tão saturados – com essa falácia que só enxergamos alguns lampejos da verdade com um esforço imenso e contínuo, e com a ajuda daqueles que perceberam o verdadeiro caráter dessa alucinação.

Como ator e cineasta, fico admirado com minha própria disposição de suspender a incredulidade ao assistir a um filme. É claro que sei que ali não há rigorosamente nada, senão luz e sombra projetadas à velocidade de 24 fotogramas por segundo sobre uma tela branca plana. Trata-se de um truque de magia, criado por mágicos da cinematografia. No entanto, ainda posso ser apanhado por meus próprios truques. A experiência do cinema é uma convenção, uma linguagem para contar histórias que aceitamos de bom grado. Nossa mente faz o resto: preenche as lacunas, cria a ilusão de uma realidade sólida, de movimento e continuidade. Com base em nossa disposição de nos comprometermos com a ilusão como algo *real*, geramos sentimentos. *Amamos* os heróis. *Odiamos* os vilões. *Tememos* os monstros. *Choramos* de alegria ou tristeza. Somos transportados. Esse sentido de realidade é confirmado pelo fluxo de nossas emoções.

As luzes se acendem e "despertamos" para a realidade convencional e podemos discutir, com certa dose de alegria e desprendimento, admiração ou desprezo, as duas horas de realidade cinematográfica pelas quais nos deixamos dominar. Quebra-se o feitiço. Mas alguma coisa ainda persiste.

Talvez nossas breves vidas, metaforicamente, sejam a mesma coisa. Damos a nós mesmos a experiência da vida como real, confiando em que nossos sentidos, pensamentos e afetos são reais, pelo simples fato de os experimentarmos.

Do ponto de vista budista, a superfície das coisas talvez não seja tão confiável. Até a ideia de um eu é questionada. E o budismo sugere que é apenas disso que se trata: uma ideia. Sugere que o "lado de fora" tem uma profunda ligação com o "lado de dentro", de um ou vários modos em que provavelmente nunca pensamos. Vivenciamos o "lá fora" não como um *é*, mas como um *somos*. Nosso mundo e nossa experiência dele são projetados na tela branca da consciência. Trata-se de uma história.

Dizem que o ensinamento final de Buda a seus discípulos foi "Domai vossa mente", o que também implica "*Treinai* vossa mente", com o sentido de que, depois de reduzir o constante tagarelar da mente e afrouxar a natureza obsessiva de nossa crença em um eu permanente, podemos *treinar* a mente para enxergar, com clareza e discernimento, a verdadeira natureza da própria mente. Essa verdadeira natureza é o vazio.

Tudo, o eu e os fenômenos, tudo aquilo que experimentamos, inclusive o próprio vazio, é desprovido de existência intrínseca. Buda não sugeriu que o eu, o outro e os fenômenos não existem. Eles existem. Simplesmente não existem da maneira como *parecem* existir. Tudo existe na interdependência, em um fluxo constante de devir, mudança e transformação. Se é assim, em última instância, a única coisa a abraçar com convicção é a essência pura da própria mente. Esse é o vazio: a tela pura em que são projetados o mundo e a história do eu.

Quando eu tinha vinte e poucos anos e me comprometi seriamente com o budismo pela primeira vez, o conceito de vazio sugeriu-me uma vaga espécie de niilidade. Achei que, se conseguisse chegar ao *shunya*, eu desapareceria, literalmente. Já não haveria eu e, portanto, não mais haveria um eu para sofrer. Era uma negação da própria vida e, é claro, muito tola. Mas é de importância vital saber quem somos... e o que é o mundo. Precisamos de uma visão correta e coerente que nos mantenha nos trilhos.

Mas o vazio não é um conceito. Não é uma ideia. É o modo de ser das coisas. Não tem centro nem fronteiras. Não é estático, não pode ser encontrado na linguagem convencional. A grande poesia talvez nos aponte a direção certa. Mas a grande baleia branca* buscada pelo budismo é a budeidade – o despertar completo da limitação, o despertar

---

* Expressão que significa "grande busca", "grande objetivo", surgida por influência do livro *Moby Dick* (1851), de Herman Melville, no qual o protagonista dedica sua vida à busca obstinada da baleia branca. (N. E.)

POSFÁCIO

completo da alucinação de um eu eterno e independente. E ela só pode ser alcançada por meio de uma motivação de compaixão desprendida por todos os seres, sem exceção.

A experiência autêntica do vazio é como avistar a grande baleia branca. Coragem, sabedoria, determinação e grande compaixão são os nossos arpões.

Contudo, nada disso é fácil. Após quase quarenta anos de prática e centenas de ensinamentos de mestres de incrível paciência, a baleia continua esquiva.

O que posso dizer é que, até com os primórdios de uma compreensão intelectual do vazio, as práticas meditativas sobre o desenvolvimento da sabedoria e da compaixão tornam-se mais ricas e mais produtivas. Começa a surgir certo gostinho, certa confiança em que a meta é possível. A natureza torna-se mais branda e os sentimentos aflitivos perdem seu poder.

Recentemente, comprei uma nova luva de beisebol para meu filho – sua primeira luva havia ficado pequena. Ele teve de escolher entre duas luvas perfeitamente boas. Escolheu a mais difícil de amaciar, a que não podia usar de imediato, porque o couro era mais grosso e mais duro, o que exigiria mais trabalho e atenção. Mas, no fim, como nos disse o especialista, aquela luva seria a melhor para ele e duraria mais. Assim, faz dias que a temos friccionado com óleos especiais, amaciando-a, trazendo-a à vida. E, aos poucos, ela vai se afrouxando e se tornando flexível, e continuará a melhorar quanto mais for usada por ele.

O mesmo se aplica aos ensinamentos de Dalai Lama. Nenhum deles é fácil. Todos exigem esforço. O próprio Buda quase morreu desse esforço. Mas as recompensas são enormes. Incomensuráveis. Considero incrivelmente comovente que esses grandes seres, como Dalai Lama, ainda carreguem o fardo pesado, ainda façam o trabalho árduo com eles mesmos todo dia, o dia inteiro. Mesmo com a vasta sabedoria e compaixão que gerou, ao longo de inúmeras vidas, ele ainda se levanta do sono diariamente, às três e meia da manhã, para ajustar sua motivação altruísta e iniciar suas horas de exercícios antes de se engajar em mais um dia inteiro beneficiando os outros. Que inspiração!

Meu querido amigo e mestre Khyongla Rato Rinpoche e eu somos profundamente gratos a Dalai Lama por sua bondade e paciência ao nos oferecer esses ensinamentos extraordinários. E, é claro, a meu parceiro de confiança, o venerável Nicholas Vreeland, por compilá-los neste belo livro.

Que ele seja de alegre benefício para todos os seres. Que todos alcancemos a felicidade e as causas da suprema felicidade, a budeidade.

Richard Gere

1ª edição janeiro de 2013 | **Diagramação** Studio 3
Fonte ITC Garamond | **Papel** Polén Soft 80g
Impressão e acabamento Yangraf